en buena forma

W9-AHT-675

Marie Borrel

MARABOUT

1 >>> 20 CONSEJOS

índice

21 >>> 40 CONSEJOS

41 >>> 60 CONSEJOS

introducción

estar en forma: un sueño inaccesible

El cansancio es sin duda alguna la enfermedad más común de la humanidad. No todos reaccionamos de la misma manera frente a la fatiga, para algunos es un verdadero problema, para otros es un fenómeno soportable; sin embargo, algo sí es seguro: todos la hemos experimentado.

El cansancio se caracteriza por la disminución de la energía, pero puede adoptar diversas formas: desde una simple debilidad muscular derivada de un gran esfuerzo físico, hasta el agotamiento moral intenso. Dos situaciones muy diferentes, tanto en la intensidad de su manifestación como en sus posibles causas.

Estar en forma: ¡una obligación!

La fatiga se intensifica en la medida en que los medios de comunicación nos bombardean con mensajes publicitarios que "obligan" literalmente a mantenerse en forma. Nos acosan con imágenes y mensajes en los que aparecen jóvenes, esbeltos y bronceados, llenos de vitalidad, siempre listos para emprender una nueva actividad.

Aunque hay un pequeño detalle: tenemos hijos que nos despiertan por la noche, preocupaciones profesionales que nos corroen el ánimo, conflictos emocionales que nos alteran... exceso de responsabilidades que merman nuestras reservas de energía.

¡Es normal! Estamos vivos y enfrentamos situaciones estresantes, problemas y actividades a los que tenemos que adaptarnos. De hecho, eso nos permite evolucionar, ¡que así sea!

Demasiado cansancio, muy a menudo y por mucho tiempo

Sin embargo, puede ocurrir que el cansancio se manifieste muy a menudo y que dure mucho tiempo. De ser así, nos envenena la vida en todos aspectos, tanto físico (nos cuesta trabajo levantarnos por la mañana o hacer el más mínimo esfuerzo) como moral (nos es difícil enfrentar los conflictos y nos sentimos agobiados por problemas insignificantes).

Es hora de reaccionar.

Primera etapa: identifique el origen de esa fatiga, ya que detrás de una escasez de energía que no cede con reposo puede ocultarse una enfermedad: tal vez se esté gestando algún tipo de padecimiento físico (una infección o el inicio de un tumor) o bien un problema psicológico (apatía, incluso depresión).

En ese caso, lo mejor es consultar un médico para que le prescriba los estudios necesarios para descartar dichas posibilidades, por fortuna poco frecuentes.

Invertir el proceso

Ha llegado el momento de analizar su vida. Para combatir la falta de condición física permanente e invertir el proceso, es necesario pasar revista a los posibles orígenes de su fatiga.

- ¿Se alimenta sanamente? El cansancio puede deberse a una carencia nutricional.

• ¿Duerme lo suficiente? El cansancio también puede ser ocasionado por la falta de sueño o por la mala calidad del mismo.

• ¿Su vida está bien organizada? Quizá la fatiga se deba a que administra mal su tiempo.

• ¿Practica algún deporte con regularidad? La falta de actividad física causa fatiga.

• ¿Mantiene relaciones sanas con quienes le rodean? A veces, el origen de un cansancio intenso puede encontrarse en nuestros comportamientos cotidianos.

• ¿Atraviesa alguna etapa particularmente agotadora? Embarazo, exámenes, menopausia, etc. Estos periodos exigen del organismo esfuerzos poco habituales.

De lo físico a lo mental y viceversa

No olvide que el origen de la fatiga también puede encontrarse en su vida psicológica y relacional. Si no le es fácil oponerse a la voluntad de los demás y expresar sus propios deseos, si no se atreve a afirmar su personalidad, si es demasiado sensible a la opinión que la gente tiene de usted, si permite que sus emociones la dominen o si estalla en violentas crisis de ira, tiene mayores posibilidades de sufrir agotamiento psicológico, lo que le acarreará un estado de debilidad física.

Por el contrario, si exige demasiado a su cuerpo, si acumula actividades físicas sin tomarse el descanso necesario, si evade el sueño, empezará por agotarse físicamente y, por añadidura, a nivel psicológico.

La fatiga siempre termina afectando al ser en su totalidad, sin importar cuál haya sido la causa. Por ello hay que hacer algo antes de llegar a esta situación, ya que le resultará mucho más fácil encontrar las soluciones y ponerlas en práctica.

Encuentre las pistas y analícelas

Si logra responder con sinceridad a estas preguntas (y a muchas otras que usted misma encontrará en el camino), verá que se perfilan algunas pistas: cambiar de alimentación, hacer deporte, aprender a relajarse, practicar yoga o *qi gong*, hacer curas de vitaminas y complementos alimenticios, recurrir a las plantas o a los aceites esenciales, aprender a administrar su tiempo, etc. ¡Cambiar sus hábitos y llevar una vida más saludable es el único recurso para mantenerse en óptimas condiciones!

¿cómo utilizar este libro?

● ● ● A MANERA DE GUÍA

> **Los pictogramas al pie de la página le ayudarán a identificar todas las soluciones naturales que están a su disposición :**

Fitoterapia, aromaterapia, homeopatía, flores de Bach: respuestas de la medicina alternativa para cada situación.

Ejercicios sencillos para prevenir los problemas fortaleciendo su cuerpo.

Masajes y técnicas al servicio de su bienestar.

Todas las claves para descubrir soluciones a través de la alimentación.

Consejos prácticos que podrá adoptar diariamente para prevenir antes que curar.

Psicología, relajación, zen: consejos para hacer las paces consigo mismo y encontrar la serenidad.

> **Un programa completo para resolver todos sus problemas de salud.**
¡Ahora le toca a usted!

Este libro propone un programa a la medida de sus necesidades que le permitirá enfrentar el problema que le aqueja, dividido en cuatro etapas:

• **Un test preliminar** le ayudará a analizar la situación.
• **Los 20 primeros consejos** le permitirán actuar en su vida cotidiana para prevenir eficazmente los problemas y mantenerse en forma.
• **20 consejos un poco más precisos** que le ayudarán a profundizar en los orígenes y así poder enfrentar las dificultades a medida que se manifiesten.
• **Los últimos 20 consejos**, están enfocados a los casos más serios, cuando la prevención y las soluciones alternativas ya no son suficientes.
Al final de cada segmento de consejos, una persona que enfrenta el mismo problema que usted relata y comparte su experiencia.

Puede seguir rigurosamente este recorrido guiado, poniendo en práctica sus consejos, uno tras otro. También puede tomar de aquí y de allá las recomendaciones que considere más adecuadas para su caso en particular, o que sean más fáciles de aplicar en su vida cotidiana. Finalmente, puede seguir las instrucciones en función de su situación, ya sea como simple prevención o para tratar un problema manifiesto.

descubra el origen de su fatiga

Lea las siguientes afirmaciones, después marque la letra **A** si en raras ocasiones se ve sujeta a estas dificultades, la **B** si usted las padece regularmente o la **C**, si son permanentes.

A	B	C	
A	B	C	Suelo angustiarme porque mi agenda siempre está saturada.
A	B	C	A menudo recurro a medicamentos que me dan energía.
A	B	C	Practico deporte de manera intensiva.
A	B	C	No me doy un descanso aunque mi cuerpo me lo exija.
A	B	C	Duermo mal.

A	B	C	
A	B	C	Me despierto cansada.
A	B	C	Me canso cuando realizo esfuerzos físicos.
A	B	C	Suelo sentirme triste y deprimida.
A	B	C	Como cualquier cosa, sin preocuparme por mi salud.
A	B	C	No bebo cuando tengo sed.
A	B	C	No sé relajarme.

Si obtuvo una mayoría de respuestas **A**, lea de preferencia los consejos **1** a **20**.
Si obtuvo una mayoría de respuestas **B**, consulte los consejos **21** a **40**.
Si obtuvo una mayoría de respuestas **C**, lea urgentemente los consejos **41** a **60**, ¡es hora de actuar!

>> Es normal sentir cansancio después de realizar esfuerzos físicos o mentales pero, para que no se vuelva permanente, es importante, **aprender a descansar,** a dosificar sus esfuerzos, a proporcionar a su cuerpo los nutrientes necesarios para salir adelante.

>>>> **De lo contrario, la energía se diluye lentamente** en los excesos, el sueño se va, el apetito se dispara y el ánimo decae.

>>>>>> Para no dejarse atrapar en este círculo vicioso, tome la delantera. **Cambie sus hábitos y mantenga una vida saludable ¡llena de energía!**

20
CONSEJOS

01

mida sus esfuerzos

Para estar en forma, ¡no hay que cansarse mucho! Es algo que parece evidente; sin embargo, a veces nos forzamos demasiado y luego nos sorprendemos porque estamos cansados. Cada persona tiene sus propios límites; usted debe identificar y respetar los suyos.

Aprenda a conocerse

Algunas personas son capaces de acumular noches en blanco y llegar por la mañana a la oficina, tan frescas y despiertas; otras, en cambio, se presentan con ojeras y se caen de sueño por haberse desvelado un poco más de lo acostumbrado. Y es que no todos tenemos la misma resistencia al esfuerzo. Si bien con algo de entrenamiento podemos llegar a mejorar nuestro rendimiento, no es

●●● PARA SABER MÁS ─────────

> Para medir sus esfuerzos, es necesario aprender a hacerse respetar. Si necesita tomarse su tiempo para trabajar eficazmente, no permita que los colegas con mayor resistencia que usted la obliguen a realizar jornadas de trabajo muy intenso.

> Si prefiere caminar que correr, no se fuerce con el pretexto de querer estar con los amigos.

posible modificar nuestra naturaleza de manera radical. De modo que, para evitar la fatiga inútil, es importante aprender a conocerse

Establezca su ritmo ideal

• Empiece por respetar lo que ya sabe de usted misma. Por ejemplo, si es de las que se acuestan temprano y necesitan dormir, evite acumular salidas nocturnas durante la semana y cuando programe alguna salida inusual, procure no cansarse el día anterior.

• Aprenda a observarse para establecer su ritmo ideal. Tome una libreta y anote, por ejemplo, las horas en que siente sueño o hambre, o los momentos del día en que las ideas están muy claras o, al contrario muy confusas; el número de horas que necesita dormir, los esfuerzos físicos que requiere el deporte que practica, etc. Seguramente se sorprenderá.

> **Mejor busque amigos que lleven el mismo ritmo que usted y reúnase más tarde con los demás para compartir un refresco.**

 EN POCAS PALABRAS

∗ Para mantenerse en forma, ¡no hay que cansarse demasiado!

∗ Obsérvese para determinar cuál es el ritmo y la cantidad de esfuerzo que mejor se adaptan a su caso.

∗ Evite las actividades que no se adaptan a su ritmo.

02

consuma cereales integrales

Para realizar cualquier esfuerzo, el organismo requiere un combustible indispensable: la glucosa. A fin de proporcionarle toda la que necesita sin llegar a saturarlo, lo ideal es consumir cereales integrales.

Azúcares rápidos y azúcares lentos

Los músculos necesitan glucosa para contraerse y permitirnos caminar, correr y movernos. También la requiere el cerebro para transmitir rápidamente información a las neuronas. Asimismo, el corazón la utiliza para latir regularmente. Todo el tiempo consumimos esta sustancia indispensable que obtenemos a través de la alimentación.

● ● ●   P A R A   S A B E R   M Á S

> Fuera de los breves periodos de dietas estrictas, no se recomienda eliminar los alimentos glucídicos, a pesar de su alto contenido calórico. Es cierto que 100 g de pan integral representan 230 calorías, mientras que 100 g de pescado magro, como el lenguado, tan sólo aportan 80. No obstante, en el marco de una comida equilibrada, una ración adecuada de cereales produce una sensación de saciedad que permite disminuir la ración alimenticia global.

Sin embargo, existen diversas categorías de alimentos glucídicos. Los que tienen un sabor dulce (frutas, azúcar, golosinas, etc.) contienen carbohidratos que llegan rápidamente a la sangre, sobre todo el azúcar refinada (*véase* Consejo 5). El aporte energético es brusco, pero breve. En cambio, los carbohidratos contenidos en los cereales (pan, pastas, arroz) se metabolizan con mayor lentitud: El aporte energético es más regular y prolongado.

Vitaminas y minerales

Los alimentos ricos en glucosa deben cubrir por lo menos la mitad de la ración alimenticia diaria; las dos terceras partes de dichos alimentos deben ser carbohidratos lentos. De preferencia elija cereales integrales.

• Las vitaminas y los minerales se concentran en la cáscara de los granos de cereales, que se eliminan durante el proceso de refinación.

• Otros elementos (germen de trigo, salvado) facilitan la digestión y asimilación de todos los nutrientes contenidos en los cereales.

• Los cereales integrales contienen más fibra, que mejora notablemente el tránsito intestinal.

Todos estos elementos facilitan el trabajo general del organismo y evitan que se fatigue inútilmente.

 EN POCAS PALABRAS

∗ La glucosa es el principal combustible del organismo y los cereales integrales son ricos en esta sustancia.

∗ La proporción ideal de carbohidratos debe representar más o menos la mitad de la ración alimenticia cotidiana.

03

alimente sus neuronas

La salud también está en la cabeza.

Para mantenerse en forma, conviene tener las ideas claras. El cerebro es un órgano igual que los demás; necesita estar bien alimentado para funcionar correctamente. Sus nutrientes predilectos son las grasas, ¡pero no de cualquier tipo!

El cerebro: una masa grasosa

Para estar en forma, la energía debe circular tanto en el cuerpo como en la mente. Es importante que nuestras ideas se generen de la mejor manera, que la memoria sea lo más eficaz posible y que podamos tomar decisiones fácilmente; para ello, es indispensable que la información viaje con rapidez de neurona a neurona.

Este proceso depende en gran medida de las paredes neuronales; deben ser lo

●●● PARA SABER MÁS

> Los ácidos grasos que contienen los aceites vegetales son frágiles. Algunos no resisten el calor. Por lo tanto, evite las comidas fritas. Es mejor cocinar ligero (al vapor, en papillote...) y sazonar los alimentos con un toque de aceite crudo una vez cocidos.

> Todos los aceites vegetales tienen composiciones diferentes en ácidos grasos esenciales. Varíelos para aprovechar sus sabores mientras que equilibra su aporte de ácidos grasos "buenos".

suficientemente flexibles y permeables para realizar su tarea. Ahora bien, dichas paredes están constituidas, en gran parte, por grasas que el cerebro obtiene de la alimentación.

Menos mantequilla, más aceite

Entonces, evite la alimentación extremadamente magra, típica de las dietas para adelgazar. Debemos ingerir cuerpos grasos en cantidad suficiente, pero no de cualquier tipo. Las grasas alimenticias contienen dos tipos de ácidos grasos: los saturados, cuyos átomos "se toman de la mano" como niños que juegan a la ronda, y los insaturados, que tienen una o varias "manos libres". Los primeros no son muy útiles para el cerebro y se acumulan en las arterias, que terminan por llenarse de grasa (colesterol), mientras que los segundos son indispensables para la flexibilidad de las membranas celulares, en particular las que recubren a las neuronas.

Para evitar los ácidos grasos nocivos, empiece por disminuir su consumo de carne y grasas animales (mantequilla, crema, quesos grasos, embutidos). Reemplace la carne por pescado y escoja aceites vegetales crudos.

 EN POCAS PALABRAS

* La salud también está en la cabeza.

* El cerebro requiere grasas para funcionar, pero no de cualquier tipo.

* Consuma menos grasas animales (carne, mantequilla, quesos...), más pescado y aceites vegetales crudos.

04

estimule sus músculos

Los músculos se encargan de asegurar nuestra buena condición física. Como el resto del cuerpo, se regeneran de manera permanente. Para ello requieren proteínas de buena calidad, ya sean animales o vegetales, usted elige…

Los músculos están hechos de "ladrillos"

Mantener nuestros músculos listos para cualquier esfuerzo físico implica darles los "ladrillos" que necesitan para regenerarse. Los músculos se componen en especial de proteínas, por lo que hay que consumirlas en cantidad suficiente para asegurar su constante reconstrucción. Las proteínas se encuentran en los productos de origen animal (carne, aves, pescado, huevos...) así como en algunos

● ● ● P A R A   S A B E R   M Á S

> Las mejores proteínas, las más equilibradas, son las que contiene el huevo. Si usted tolera el huevo, no dude en consumirlo. Las proteínas de la carne y del pescado son equivalentes.

> Si hablamos de proteínas vegetales, lo más recomendable sería adoptar la dieta de nuestros antepasados. Mucho antes de saber que las proteínas

vegetales (cereales y leguminosas). Al digerirlos se convierten en diminutos "ladrillos", llamados *aminoácidos*, que sirven para reparar las proteínas de nuestros músculos.

Los aminoácidos esenciales

Existen 22 aminoácidos en total, 8 de los cuales son indispensables pues sin ellos, el cuerpo no es capaz de elaborar proteínas. Se trata de los aminoácidos esenciales, si bien la carne contiene estos 8 aminoácidos esenciales, al igual que el pescado y el huevo, no ocurre lo mismo con los cereales. Ahora bien, si usted prefiere los vegetales, procure asociar siempre un cereal (arroz, pasta, sémola, maíz) a una leguminosa (lentejas, garbanzos, frijoles, etc.). La mezcla final le proporcionará, con toda certeza, los aminoácidos que su cuerpo necesita.

existían, las sociedades tradicionales, cuya alimentación era sobre todo vegetal, tenían por costumbre elaborar sus comidas asociando un cereal a una leguminosa; arroz y lentejas en la India, sémola y garbanzos en el Magreb, maíz y frijoles en Centroamérica.

EN POCAS PALABRAS

* Nuestros músculos necesitan proteínas para regenerarse.

* Las proteínas se encuentran en los productos de origen animal y vegetal.

* Las proteínas vegetales son imperfectas, por lo que debe asociarse un cereal y una leguminosa.

05

evite el azúcar refinada

¿Cansada? Un terrón de azúcar y listo. Aparentemente, es la solución más eficaz, pero sólo de momento pues en poco tiempo se sentirá más cansada que antes. Para evitar riesgos de hipoglucemia elimine el azúcar refinada.

Una cuestión de insulina

Nuestra sangre siempre está cargada del azúcar que transporta a las células que la necesitan. El nivel de azúcar debe permanecer estable; si se eleva demasiado puede dañar las arterias y provocar diabetes; si baja bruscamente, quizá se presente una crisis de hipoglucemia, lo que ocasiona cansancio, náuseas y dolor de cabeza. La insulina, hormona secretada por el páncreas, es la encargada de esta

● ● ● PARA SABER MÁS ───────────

> No olvide identificar los azúcares que se ocultan en los alimentos, ya que muchos de ellos contienen azúcares rápidos como los refrescos, los jugos de fruta, los pasteles industrializados, los chocolates, etc. Incluso la goma de mascar contiene una gran cantidad de azúcar escondida.

> Esto resulta muy perjudicial puesto que, para metabolizar el azúcar refinada (que no aporta ningún nutriente), el cuerpo extrae sus reservas vitamínicas.

delicada tarea de regulación. Ciertos azúcares, llamados complejos, como los de los cereales (*véase* Consejo 2), se descomponen lentamente durante la digestión en unidades más pequeñas, antes de pasar al torrente sanguíneo. Sin embargo otros, en particular el azúcar refinada, no necesitan este tratamiento y pasan directamente a la sangre.

Cómo espaciar las crisis

Al ingerir entre comidas azúcar blanca o dulces, la afluencia de azúcar en la sangre se vuelve masiva; esto provoca que el páncreas secrete una gran cantidad de insulina para detener el aumento brusco. Luego se produce una caída igualmente brusca que, en algunas personas, llega a ser considerable; se trata de una crisis de hipoglucemia.

Cuando ésta se manifiesta, un terrón de azúcar refinada resulta el mejor remedio. Sin embargo, para evitar que se reproduzca, acostúmbrese a reemplazar el azúcar refinada y los dulces por azúcares menos rápidos como la fruta o la miel. Y, sobre todo, consuma cereales para que su cuerpo tome el azúcar de las reservas cada vez que lo necesite.

EN POCAS PALABRAS

* Trate de consumir lo menos posible azúcar blanca refinada y golosinas industrializadas.

* Un elevado consumo de azúcar puede provocar crisis de hipoglucemia y, por lo tanto, un gran agotamiento.

* Reemplace los azúcares rápidos con frutas o azúcares lentos (cereales).

06

vigile su peso

Es difícil estar realmente en forma cuando se tienen varios kilos de más. Pero tenga cuidado, las dietas para adelgazar mal llevadas también pueden mermar su energía. Para alcanzar el peso ideal sin sufrir carencias, lo mejor es recurrir al sentido común.

Conforme con su cuerpo y a gusto con su imagen

Entre la imagen de una silueta espigada y llena de energía que aparece en las revistas, y la obesidad perjudicial para la salud, existe un punto medio. Los médicos lo denominan *peso ideal*, es decir, aquél que le permite sentirse bien con su cuerpo y a gusto con su imagen.

Este peso varía según los individuos, en función de la estatura, desde luego, pero también de la estructura ósea y muscu-

● ● ● PARA SABER MÁS ────────

> La obesidad es por definición un exceso de grasa corporal que se genera cuando el ingreso energético (el alimento) es superior al gasto (actividad física). Este desequilibrio se ve influido por las complejas interacciones de factores genéticos, conductuales, físicos y sociales.

> Un estudio realizado en América Latina y el Caribe muestra que algunos países presentan los valores más elevados de obesidad (IMC de 25 a 29.9), mientras que más de un tercio de la población de mujeres entre 15 y 49 años de edad presentan obesidad.

lar. De todas formas, el peso ideal se sitúa en un rango que se calcula a partir de observaciones estadísticas y de la evolución de la esperanza de vida. Por lo tanto, esta cifra se define a partir de los criterios de salud y no de estética. Hay que calcular el índice de masa corporal (IMC) que se obtiene al dividir el peso en kilos entre la estatura al cuadrado. Por ejemplo, en el caso de una mujer que pese 54 kilos y mida 1.60 m, se divide 54/ (1.6 x 1.6), lo que da por resultado 21. El peso se estima razonable cuando el IMC se sitúa entre 18,5 y 25. Por debajo de estas cifras suele hablarse de delgadez; si se rebasa el máximo, se hablará de sobrepeso. Más allá de 30 se dice que hay obesidad.

Evite las dietas "yo-yo"

Las modelos famosas suelen tener un IMC cercano a 15. De ahí que resulte inútil tratar de imitarlas; sería nefasto para la salud. Sin embargo, si su IMC es superior a 25, quizá haya que llevar a cabo un ligero reajuste que le permita deshacerse de una fuente de fatiga inútil. Evite lanzarse a una dieta desesperada que, si bien le ayudará a perder rápidamente algunos kilos, terminará recuperándolos con la misma velocidad y quizá hasta más. Es mejor equilibrar su alimentación a largo plazo, por ejemplo, elimine el azúcar refi-

nada, los dulces y el alcohol; disminuya el consumo de grasas y de preferencia los aceites crudos; consuma muchas frutas y verduras frescas, proteínas magras (pescado) y cereales integrales. De este modo, en vez de que su organismo sufra carencias y se fatigue más, usted le proporcionará, sin exceso, todo lo necesario para funcionar.

EN POCAS PALABRAS

* El exceso de peso es un factor de fatiga.

* Para sentirse bien, hay que encontrar y conservar el peso ideal.

* El IMC debe situarse entre 18.5 y 25.

07

lleve una alimentación rica en vitaminas

Para funcionar al máximo, nuestro cuerpo requiere vitaminas. Antes de precipitarse sobre los complementos alimenticios, empiece por incluirlas en cada comida. Elija correctamente los alimentos, así como las formas de cocción y de conservación más adecuadas…

De buena calidad y sin refinar

Para ingerir el máximo de vitaminas, hay que consumir frutas y verduras frescas en cantidad suficiente, así como cereales integrales. Pero también es indispensable que los productos que usted compre sean ricos en vitaminas y que éstas no desaparezcan en el camino.

En primer lugar, elija productos de buena calidad, muy poco procesados, como las frutas y las verduras del mercado y los

● ● ● PARA SABER MÁS

> Las vitaminas pueden evaporarse durante la fase de preparación pues se concentran en las capas superiores de las frutas y verduras.

> Por lo tanto, pele finamente frutas y verduras. Cuando le sea posible, hágalo después de cocerlas ya que la cáscara evita la pérdida de vitaminas.

cereales integrales.

Prefiera la agricultura orgánica, que garantiza la calidad de los productos cultivados sin abonos químicos, menos saturados de agua y, por ende, con un mayor contenido de vitaminas que otros de igual peso.

Al vapor u horneados a fuego lento

En cuanto al almacenamiento, existen vitaminas que no resisten el calor, la luz o la humedad. Para no equivocarse, conserve los productos frescos el menor tiempo posible en el cajón inferior del frigorífico. Guarde los productos secos en una despensa ventilada y alejados del calor.

En cuanto a la cocción, lo ideal es al vapor o en el horno tibio. El calor destruye algunas vitaminas, otras se pierden en el agua de cocimiento o en el aceite usado para freír. Si hierve las verduras, utilice el agua donde las coció para preparar una sopa o la base de una salsa. Evite freír demasiado los alimentos o cocinarlos en barbecue.

> **Nunca ponga a remojar las verduras, las frutas o la ensalada; enjuáguelas rápidamente bajo el agua del grifo. Y sobre todo, nunca prepare jugos de fruta fresca con anticipación, ya que las vitaminas se oxidan con rapidez al contacto con el aire.**

 EN POCAS PALABRAS

* Para mantenerse en forma, es importantísimo incluir vitaminas en todas sus comidas.

* Consuma frutas y verduras en cantidad suficiente, así como cereales integrales.

* Se recomiendan las cocciones ligeras (al vapor, horno tibio…).

08 confíe en las abejas

Además de la miel, las abejas fabrican tres elixires que combaten el cansancio: la jalea real, el polen y el propóleo. Un trío magnífico para mantenerse en forma.

El néctar de las reinas: no conformes con fabricar miel, alimento energético y perfectamente equilibrado, las abejas secretan jalea real. Esta gelatina de aspecto nacarado sirve para alimentar a las larvas. La reina es la única que tiene derecho al precioso néctar. La jalea real contiene los aminoácidos indispensables, muchas vitaminas y minerales, y acetilcolina, un mediador cerebral. Se puede adquirir en las tiendas naturistas y se consume durante los cambios de estación en forma de curas de hasta tres semanas.

Gránulos de energía: una vez recogido el polen, las abejas fabrican con él pequeños gránulos que compactan con sus secreciones. Este polen contiene precursores hormonales y antibióticos naturales, además de enzimas que facilitan las reacciones bioquímicas del organismo. ¡Suficiente para acabar con el cansancio! Puede adquirirse fresco o seco en las tiendas naturistas. Se recomienda hacer una cura de un mes.

● ● ● P A R A   S A B E R   M Á S

> Las abejas toman de las coníferas la resina que mezclan con sus secreciones; así fabrican el propóleo, especie de cera que utilizan para desinfectar el interior del panal y hacerlo impermeable. Es un antibiótico y antiinflamatorio natural muy potente.

E N   P O C A S   P A L A B R A S

✳ La jalea real es un concentrado de nutrientes esenciales.

✳ El polen forma gránulos llenos de enzimas.

09 no excluya el vino

Tomarse una copa de vino es algo muy agradable, siempre y cuando no abusemos. Además, es una excelente manera de evitar la fatiga: el vino contiene gran cantidad de nutrientes esenciales y antioxidantes.

Vitaminas, minerales, polifenoles y flavonoides: un estudio muy serio realizado por los daneses demostró que quienes beben vino viven más años que las demás personas. Así pues, muchos investigadores se han dedicado a analizar la composición de este precioso néctar y han descubierto en él, además del alcohol, taninos, algunas vitaminas y minerales (potasio, magnesio, calcio, hierro) y, sobre todo, polifenoles y flavonoides.

Una defensa contra la fatiga y el envejecimiento: estas sustancias son formidables antioxidantes que protegen las células del cuerpo. Tres copas de vino al día bastan para protegerse de manera permanente contra las enfermedades cardiovasculares y los efectos nocivos del envejecimiento celular, entre ellos, la fatiga. Siempre y cuando bebamos vino de calidad y ¡no excedamos la dosis recomendada!

EN POCAS PALABRAS

* El vino contiene vitaminas, minerales y sobre todo antioxidantes.

* Estas sustancias protegen contra la fatiga y el desgaste provocado por el tiempo.

* No hay que beber más de tres copas al día.

10 deje el café y el tabaco

¿Cansada? ¡Pronto, un café y un cigarro! Si bien su efecto tonificante es inmediato, también es de corta duración. Peor aún: suele acompañarse de un cansancio repentino aún más intenso. De inmediato se establece un círculo vicioso que hay que romper a toda costa.

● ● ● PARA SABER MÁS

> Si está decidida a dejar de fumar, existen muchas técnicas de apoyo: psicoterapia, terapias de grupo, homeopatía, fitoterapia, auriculoterapia, acupuntura... Pero no les pida más de lo que pueden dar; sólo usted es capaz de tomar esa decisión. Una sólida motivación, sobre todo si fuma desde hace mucho tiempo, la mantendrá a flote.

El efecto perverso del café

Todos conocemos al causante del efecto estimulante del café: la cafeína. Esta sustancia estimula las funciones intelectuales y acelera el ritmo cardiaco. El porcentaje de cafeína en el café depende de la variedad; la *robusta* contiene de 2 a 3 veces más que la *arábiga*. No obstante, el efecto estimulante de la cafeína es de corta duración y le sigue una fase de depresión. La cafeína funciona literalmente como una droga: disminución del efecto, aumento de la dosis, adicción. También el té negro contiene cafeína, aunque en menor cantidad, pero el efecto es el mismo cuando se toma mucho.

Si es usted una gran consumidora de café (o de té), intente suspenderlo poco a poco; vaya por etapas, hasta que llegue a conformarse con el café de la mañana y el que se toma después de la comida.

Una fuente directa de cansancio

Además de los graves riesgos que el tabaco representa para la salud, también cansa al organismo porque absorbe directamente sus reservas vitamínicas. Una simple bocanada moviliza varios miligramos de vitamina C. Se alteran los intercambios respiratorios, la oxigenación del organismo se torna lenta y las reacciones enzimáticas celulares se trastornan. Todos estos elementos provocan una fatiga real, inmediata y duradera. El efecto estimulante del tabaco se manifiesta sólo a nivel intelectual y resulta de muy corta duración, de ahí que el tabaquismo también sea una auténtica toxicomanía.

La solución es sencilla, pero no siempre fácil de poner en práctica; ¡es absolutamente necesario dejar de fumar!

EN POCAS PALABRAS

* La cafeína es un excitante que provoca cansancio de rebote y una rápida adicción.

* El tabaco cansa directamente al organismo al absorber sus reservas vitamínicas y alterar los intercambios celulares.

* Para llegar a prescindir del café, proceda por etapas; para dejar definitivamente el tabaco, busque ayuda.

11

apueste a los antioxidantes naturales

La edad y el desgaste orgánico son fuentes de fatiga. Desde luego no podemos negarnos a envejecer, pero es posible retardar los efectos nocivos del paso de los años si protegemos nuestro cuerpo contra las agresiones del tiempo. Claro, siempre que empecemos lo antes posible.

Radicales libres en abundancia

A ellos les debemos las arrugas, la rigidez de las arterias, el desgaste de las articulaciones y el cansancio que, de modo imperceptible, aparece con el correr de los años. Estos radicales libres son el resultado de las innumerables reacciones bioquímicas de nuestro organismo; a veces aparecen entidades "alteradas", es decir, átomos a los que les falta un electrón.

● ● ● P A R A   S A B E R   M Á S

> El aceite de palma roja, virgen y de primera extracción en frío, contiene una amplia gama de antioxidantes naturales que actúan en sinergia. Puede encontrarlo en cápsulas que sirven de complementos alimenticios.

> También es posible hallar una gran variedad de productos a base de polifenoles y de licopeno: cápsulas, tabletas, así como productos cosméticos en farmacias y tiendas naturistas.

Ahora bien, este tipo de desequilibrio no es del agrado de la naturaleza, así que los radicales libres intentarán a toda costa encontrar el electrón faltante tomándolo de otro átomo o bien depositando en el que les sobra. Resultado: una reacción en cadena que, de paso, deteriora todas las células. Aunque se trate de una reacción muy breve (algunas décimas de segundos), basta para dañar tanto las membranas celulares como los núcleos portadores de la información genética. La consecuencia es el envejecimiento prematuro del organismo.

Numerosos factores aceleran la producción natural de radicales libres: la mala alimentación, el tabaco, el alcohol, el estrés, la contaminación, la exposición al sol, etc. Por fortuna, nuestro organismo dispone de defensas naturales que podemos reforzar.

Las barreras de la naturaleza

Las principales defensas contra los radicales libres son las vitaminas A, C y E, el selenio y los ácidos grasos esenciales, de manera que una alimentación sana y equilibrada, rica en estos nutrientes, constituye una primera garantía de longevidad y buena salud. En fechas recientes, los científicos descubrieron en la naturaleza otras defensas aún más eficaces. La semilla de uva, por ejemplo, es rica en polifenoles, sustancias que frenan

la evolución de los radicales libres hasta 10 000 veces más que las vitaminas. Los tomates, por su parte, contienen licopeno, igualmente eficaz. Consuma tomates (de preferencia cocidos porque la cocción ayuda a asimilar el licopeno) y beba vino tinto de buena calidad, en cantidad razonable (no más de tres copas por día), ya que los polifenoles de las semillas de uva pasan al vino.

✳ EN POCAS PALABRAS

✳ Los radicales libres aceleran el envejecimiento del organismo.

✳ Contrarréstelos con vitaminas A, C y E, selenio y ácidos grasos esenciales.

✳ Los polifenoles de las semillas de uva y el licopeno de los tomates ayudan a eliminar los radicales libres.

12

hidrátese al máximo

Un organismo intoxicado y deshidratado es un organismo cansado. Para mejorar los intercambios celulares y permanecer en todo momento en óptimas condiciones, hay que beber por lo menos un litro y medio de agua al día.

La sangre, la linfa, el líquido intersticial

Nuestro cuerpo está constituido por 70% de agua. Nuestras células viven en un líquido intersticial que les brinda los nutrientes que necesitan. La sangre, que transporta dichos nutrientes a través de todo el organismo, está hecha de agua. La linfa, mediante la cual nuestro cuerpo elimina los desechos producidos por el metabolismo, también está compuesta por agua. Estos líquidos necesitan rege-

> El agua mineral es más o menos rica en elementos minerales en función de los suelos que atraviesa a lo largo de su formación. No beba regularmente agua muy mineralizada, a menos que busque un efecto preciso. En el comercio se vende agua rica en magnesio que ayuda a combatir el estrés; también la hay rica en calcio, que previene la osteoporosis, si contiene bicarbonato mejora la digestión. Elija agua poco mineralizada o bien, cambie con regularidad para obtener el beneficio de un aporte mineral variado.

nerarse de forma permanente puesto que cada día perdemos alrededor de 2 litros y medio de agua a través de la micción, la transpiración y la respiración. Es indispensable reemplazarlos ya que, de otro modo, el cansancio nos gana. Basta una pérdida de 2% de agua para que nuestro desempeño físico e intelectual disminuya en 20%. De llegar a 5% de déficit hídrico, nos sentiremos exhaustos.

Hay que beber antes de tener sed

Entonces hay que beber. La cifra de un litro y medio al día es un promedio. En efecto, una alimentación normal aporta cerca de un litro de agua (frutas, verduras, etc.). Algo es seguro: hay que beber con regularidad, antes de tener sed, porque cuando se dispara la señal de alerta, el organismo se encuentra ya en estado de carencia.

En algunos países, el agua del grifo suele estar limpia desde el punto de vista bacteriológico. Sin embargo, puede contener nitratos, en especial en las zonas agrícolas. Además, su composición varía. Si usted desea mantenerse en forma hidratándose, opte por el agua embotellada. La de manantial no posee cualidades terapéuticas, pero el agua mineral tiene propiedades específicas reconocidas que se asocian a su composición.

 EN POCAS PALABRAS

* Nuestro cuerpo está constituido por 70% de agua.

* Cada día perdemos alrededor de dos litros y medio de agua.

* La alimentación aporta un litro de agua.

* Tome agua ligeramente mineralizada o cambie de marca con frecuencia.

13

haga ejercicio

Hay de cansancio a cansancio. El que provoca el deporte es sano, ya que propicia el descanso y desaparece durante la recuperación, dejándonos en buena forma al día siguiente, siempre que no nos agotemos.

Efectos físicos y mentales

Para mantenerse en buena forma, hay que hacer ejercicio pero, además, debe practicarse con regularidad y de manera razonable un deporte que ponga a trabajar todo el cuerpo. No se trata de castigarse por quién sabe qué culpa imaginaria, sino de disfrutar al sentir su organismo en actividad.

La práctica constante de algún deporte ayuda a mantener la buena condición física; aumenta el flujo sanguíneo mejora

● ● ● PARA SABER MÁS

> Si necesita el estímulo de los demás, no olvide los deportes en equipo: baloncesto, voleibol, balonmano, hockey. Le permitirán formar parte de un grupo, establecer relaciones en torno a la actividad deportiva, y sentirse integrado a un equipo.

> Si tiene dudas en cuanto a la elección del deporte, pida consejo a un médico, sobre todo si hace mucho tiempo que dejó de hacer ejercicio.

el funcionamiento del corazón y la oxigenación de las células, así como la eliminación de los desechos... También ayuda a mantener un buen estado anímico: elimina el estrés y la fatiga nerviosa, favorece la relajación mental y una mejor aceptación de uno mismo y del propio cuerpo.

Por lo menos dos veces a la semana, de ser posible tres

Si desea aguantar el ritmo y practicar regularmente, debe elegir un deporte que le procure sensaciones agradables. De lo contrario, hay muchas posibilidades de que lo deje al cabo de algunas semanas. Opte por una actividad que corresponda a su ritmo de vida. Si sus horarios de trabajo son muy flexibles, elija una actividad que pueda practicarse en cualquier momento, sin horas fijas. Si tiene que hacer largos trayectos todos los días, busque un gimnasio cerca de su lugar de trabajo para que pueda ir a la hora de la comida o antes de llegar a tra-

bajar. De todas maneras, practíquelo por lo menos dos veces por semana, de ser posible tres. La duración depende de su condición y de sus propios deseos. Empiece con sesiones de media hora como mínimo, y aumente poco a poco su duración hasta llegar a una hora. Aprenda a sentir sus límites y a no excederlos.

 EN POCAS PALABRAS

* La práctica regular de un deporte mantiene tanto la salud física como la anímica.

* Es indispensable practicar algún deporte por lo menos dos veces a la semana durante media hora.

Nada mejor que un buen baño para recobrar la energía cuando se está cansada. El agua caliente ayuda a relajar músculos y nervios. Si agrega unas cuantas gotas de aceite esencial, obtendrá resultados muy benéficos.

14

sumérjase en la bañera

Media hora de relajamiento y reposo

Si al volver a casa por la noche se siente fatigada, irritable, ¡no espere más! Posponga sus actividades y concédase una pausa en la bañera. Llénela con agua caliente (entre 34 y 38 °C) y sumérjase en la voluptuosidad. Para empezar, el calor relajará los músculos contraídos y eliminará las tensiones acumuladas. El simple hecho de sentirse más ligera rela-

● ● ● PARA SABER MÁS

> Los baños con aceites esenciales tienen diferentes efectos ya que los principios activos de las plantas penetran en el cuerpo de dos maneras.

> Algunos principios activos pasan a través de la piel; otros, más volátiles, se desprenden con el vapor y se inhalan.

jará su mente. Permanezca en el agua unos veinte minutos y salga antes de que se enfríe.

Sáquele provecho a los aceites esenciales

Los aceites esenciales son extractos de plantas muy concentrados. Vierta de 8 a 10 gotas en el agua del baño, de preferencia bajo la llave, mientras se llena la bañera, después de haberlos combinado con una cucharada de leche o gel espumoso para que se diluyan bien en el agua. Elija aceites con aromas agradables y efectos estimulantes o relajantes, todo depende de su deseo de relajarse después del baño o de proseguir con alguna actividad.

- Aceites relajantes: palo de rosa, lavanda, jazmín, camomila, ylang-ylang, neroli, santal.
- Aceites tonificantes: limón, verbena, canela, menta, bergamota, albahaca, mandarina, toronja.

> También puede agregar a su baño un aceite esencial hidratante que dejará su piel suave al tacto. Por ejemplo, olíbano, rosa, pachulí.

 EN POCAS PALABRAS

* Un baño caliente (34 a 38 °C) es un buen recurso para relajar los músculos y tranquilizar la mente.

* Agréguele aceites esenciales para un efecto estimulante o relajante.

* Algunos aceites suavizan la piel.

15 tonifíquese con especias

No dude en sazonar a su antojo todos sus platos; además de permitirle expresar su creatividad culinaria, las especias son estimulantes muy potentes. ¡Disfrútelas siempre!

Sabrosas y tonificantes: sus nombres evocan regiones muy lejanas, nos hacen pensar en exóticos manjares y viajamos junto con los sabores. Además, las especias son auténticos medicamentos. La mayoría de ellas poseen un efecto estimulante cuando nos sentimos cansadas.

En todos sus platos, dulces o salados. Así que no lo dude, sazone sus platos sin reserva alguna, especialmente:

• Con canela: es la reina de la energía. Se lleva de maravilla con los postres o algunos platos a base de carne.
• Con jengibre: se dice que es afrodisiaco pero, sobre todo, constituyen un tonificante. Agréguelo a sus platos de carne, pescado, verduras y marinados.
• Con nuez moscada: fortalece las funciones cerebrales. Deliciosa en platos marinados y con algunas verduras.
• Con azafrán: es a la vez tónico, ligeramente excitante y afrodisiaco. Le da sazón a casi todos los platos salados, en especial al pescado.

●●● PARA SABER MÁS

> **Para asegurarse de la calidad de sus especias, cómprelas en una tienda especializada. Utilícelas con frecuencia, pero no las mezcle ya que sus sabores se anulan recíprocamente. Las especias molidas en un mortero resultan mejores que las que se compran en polvo listas para usarse.**

EN POCAS PALABRAS

✳ Las especias no sólo son condimentos; también constituyen auténticos medicamentos naturales.

✳ Todas, o casi todas, poseen virtudes tonificantes.

16 consuma semillas germinadas

En su germen se halla concentrada toda la vitalidad de la planta. Bastan 2 o 3 cucharadas soperas diarias de semillas germinadas para abastecer nuestras reservas de energía. Y por si fuera poco ¡son deliciosos!

Enzimas, calor y humedad: las semillas germinadas son muy ricas en nutrientes, aminoácidos y enzimas: todo lo necesario para echar a andar la actividad biológica del organismo. Usted puede añadirlos a sus platos, siempre que no los ponga a cocer. Durante la germinación, el calor y la humedad activan la acción de las enzimas que hacen crecer el germen; luego de 4 días de germinación, los granos contienen hasta 10 veces más vitaminas que la semilla normal.

Cómprelas o póngalas a germinar usted misma: puede adquirir las semillas germinadas o ponerlas a germinar usted misma. Se encuentra fácilmente germinado de alfalfa (el más nutritivo), germen de trigo (de sabor muy sutil), lentejas (ricas en fósforo y hierro), cebada (aliada de las células nerviosas), alforfón (una mina de magnesio), girasol (rico en ácidos grasos "buenos").

● ● ● PARA SABER MÁS

> Para germinar las semillas, es necesario un germinador, o simplemente un frasco de vidrio con una tapa llena de orificios. Lave las semillas, póngalas a remojar en 4 veces su volumen de agua durante una noche, luego escúrralas y colóquelas en el recipiente de 2 a 6 días según la variedad.

EN POCAS PALABRAS

* Las semillas germinadas son concentrados de vida.

* Contienen hasta 10 veces más vitaminas que la semilla original.

* Pruebe la alfalfa, el girasol, las lentejas, la cebada…

No hay nada más tonificante que un buen paseo en medio de la naturaleza; aire puro, ejercicio físico… ¡todo está presente! También puede aprovechar para hacer un balance de los problemas que le preocupan.

17

regálese un paseo por la naturaleza

Oxigénese al máximo

La caminata es un excelente deporte; el esfuerzo es regular, ininterrumpido y puede practicarse durante un largo rato sin llegar al cansancio excesivo.

Lo ideal es ejercitarla en medio de la naturaleza. Ya sea en el bosque, en el campo o a orillas del mar. Medio día de caminata en estos paisajes resulta más relajante y regenerador que en la ciudad, debido principalmente a la oxigenación.

● ● ● PARA SABER MÁS ─────────

> En la naturaleza también respiramos iones negativos. El aire está lleno de átomos de oxígeno cargados de electricidad.

> Los iones positivos nos cansan, mientras que los iones negativos nos relajan y tonifican. No obstante, estos últimos son frágiles y se deterioran en los espacios cerrados y al contacto con la contaminación.

Para mejorar el intercambio de gases

Una respiración adecuada es un factor esencial de salud y buena condición física. La mayor parte del tiempo respiramos mal, de manera superficial. El aire no penetra hasta el fondo de los alvéolos pulmonares; hay pocos intercambios de gases, el organismo está mal alimentado y se eliminan mal los desechos. Cuando se lleva a cabo un esfuerzo con regularidad, la respiración se torna más amplia, más eficaz; el organismo se desintoxica y se nutre.

En un entorno natural, el aire que respiramos no posee todos los contaminantes de la ciudad, como los gases de escapes y los excesos de ozono. Además, está cargado de partículas activas muy diversas en función del lugar: a orillas del mar se respira yodo, mientras que en el bosque inhalamos principios activos volátiles que los árboles liberan, en particular las coníferas.

> Por el contrario, los iones negativos están presentes en gran cantidad en el aire de los bosques y a orillas del mar.

 EN POCAS PALABRAS

* Nada como un buen paseo en medio de la naturaleza para eliminar el cansancio y recobrar fuerzas.

* El aire que respiramos en el bosque y a orillas del mar es más saludable y rico en iones negativos.

* Ayuda a regenerar el organismo.

18 huya de la contaminación

Son muchos los contaminantes que, disimuladamente, corroen poco a poco nuestra energía sumiéndonos en un cansancio latente. Si bien algunos son inevitables, otros pueden mantenerse al margen mediante un auténtico dispositivo antifatiga.

● ● ● ● PARA SABER MÁS

>Una de las principales quejas en materia de contaminación ambiental es el ruido. Aun cuando tengamos la impresión de habernos acostumbrado a él, vivir en un ambiente ruidoso provoca un lento desgaste nervioso y, en ocasiones, una fatiga persistente.

En el agua, en el aire, en los alimentos…

Se esconden por todas partes; en el aire que respiramos, en la comida que ingerimos, en el agua que bebemos, en los sonidos que escuchamos. Los contaminantes han invadido las ciudades y poco a poco llegan al campo. Es verdad que algunos son inevitables; a menos que nos vayamos a vivir a una zona desértica, es imposible respirar aire totalmente puro en los países industrializados. Sin embargo, existen contaminantes contra los que sí podemos defendernos. En cuanto a la alimentación, por ejemplo, debemos evitar consumir cualquier cosa, elegir de preferencia alimentos orgánicos y aprender a equilibrar el contenido de nuestras comidas.

Un dormitorio saludable

Algunos contaminantes son totalmente invisibles, como es el caso de la contaminación electromagnética. Cada vez con mayor frecuencia, encontramos nuestros dormitorios llenos de aparatos que emiten campos eléctricos incluso cuando no están encendidos: computadoras, radiodespertadores, televisores. Recibir estas ondas de manera permanente, sobre todo durante el sueño, transtorna nuestro cuerpo. Hay que alejar de la cama estas fuentes de contaminación y evitar elementos metálicos (cabeceras, colchón de resortes, etc.). Tampoco olvide apagar por completo dichos aparatos en vez de dejarlos en stand by. En cuanto a la pantalla de la computadora, cúbrala con un lienzo cuando no la utilice.

EN POCAS PALABRAS

* Los contaminantes ambientales provocan cansancio.

* Consuma productos orgánicos y aíslese del ruido.

* Evite los aparatos eléctricos en su dormitorio o aléjelos de la cama.

> Existen algunas soluciones, como aislar el cuarto donde dormimos ya que durante el sueño somos más sensibles al ruido; utilice cortinas gruesas y doble vidrio en las ventanas. No olvide los tapones para los oídos, simples, pero eficaces.

19

mime su sueño

¡Es imposible comenzar la jornada en buena forma si dormimos mal! Un buen sueño es la primera garantía para estar en forma, así que cuide sus noches con esmero porque de ello dependerá su desempeño durante el día.

Como si se tratara de su mejor amigo

El sueño es nuestra herramienta principal de recuperación. Un buen sueño es capaz de borrar cualquier fatiga, tanto física como nerviosa. Pero hay un pequeño detalle; cuando estamos muy cansados, la calidad del sueño disminuye, se vuelve superficial, anárquico, lo interrumpen las pesadillas; y resulta cada vez menos reparador. Lo que es peor, puede llegar a convertirse en sí mismo en una

● ● ● PARA SABER MÁS

> Si siente que su sueño se ha vuelto más ligero, recurra a las plantas.

> Por ejemplo, prepare una pequeña reserva de manzanilla con melisa. Ponga un puñado de cada una en un litro de agua hirviendo, deje reposar un cuarto de hora y beba una taza antes de acostarse.

causa más de de fatiga. Para no caer en este círculo vicioso, es preciso que aprenda a consentir su sueño como si se tratara de su mejor amigo.

Observe, descubra, respete

• Aprenda a conocerse, a delimitar su ritmo ideal: la hora a la que debe acostarse para dormir serenamente, la hora en que debe levantarse para estar en forma durante el día. Obsérvese y, en cuanto haya encontrado sus parámetros, trate de respetarlos al máximo. Hay quienes se acuestan temprano y quienes lo hacen tarde; quienes se levantan temprano y quienes duermen hasta tarde, y nadie puede hacer nada para cambiarlo.
• Evite a toda costa los estimulantes nocturnos como el café, el tabaco y el alcohol.
• Elija un colchón que se adapte a su anatomía.
• Cene algo ligero y evite comer justo antes de acostarse.

> La pasiflora también es muy eficaz, al igual que la valeriana.

20 escuche sus sueños

A veces nos despertamos cansados sin razón aparente. Algunos sueños pueden llegar a ser agotadores, mientras que otros nos llenan de dinamismo. Trate de escucharlos, aprenderá muchas cosas.

Volar como un pájaro: cuando pasamos nuestras noches recorriendo encantadores paisajes o volando como pájaros, no despertamos agotados, pero basta un sueño angustiante, opresivo, para que abramos los ojos en un auténtico estado de cansancio y abatimiento

Proyecciones del inconsciente: estas imágenes no son fruto de la casualidad. Son historias elaboradas por nuestro inconsciente y proyectadas durante el sueño en nuestra pantalla cerebral. Aunque existan arquetipos simbólicos universales, es muy difícil interpretar los sueños ya que cada imagen está vinculada a la historia personal. A usted le corresponde explorar esta extraordinaria reserva. Al desentrañar las imágenes densas y dolorosas, podrá liberarse de esa fuente de fatiga insospechada.

testimonio

"Durante más de 30 años, fumaba dos paquetes de cigarrillos diarios, comía cualquier cosa y no hacía deporte. Mi trabajo era extenuante. Bien que mal, sobrellevé la situación, hasta que mi pareja explotó. Cuando mi marido se fue, me derrumbé y tuve miedo de no poder levantarme. Esto fue quizá lo que me llevó a realizar un gran cambio en mi vida. Dejé de fumar y de tomar café todo el día, puse más atención en mi forma de alimentarme, volví a practicar un poco de deporte (sobre todo la caminata); en pocas palabras, seguí todos los consejos de rutina que encontraba en las revistas. Aunque me sentí mejor, el cambio decisivo tuvo lugar cuando, gracias a un médico, descubrí los complementos alimenticios. Me explicó lo que era la jalea real, la levadura, la leche de yegua, la espirulina. Al principio mostré escepticismo, pero como confiaba en él, le hice caso. Desde entonces, lo primero que hago por la mañana es beber un gran vaso de agua y tomar algún producto natural. Alterno curas de un mes... ¡en realidad los tomo todo el tiempo!"

21

》 A pesar de todos los esfuerzos y precauciones se siente cansada. Seguro enfrentó una carga excesiva de trabajo, el recién nacido la despierta diez veces cada noche, las preocupaciones se acumulan y ya no sabe qué hacer... Pero no hay por qué alarmarse.

》》》 Si hace todo lo necesario, sin duda podrá resistir esta etapa y **salir airosa de su cansancio repentino** tanto físico como nervioso hasta que mejore la situación. Las soluciones están a su alcance: vitaminas, homeopatía, plantas, aceites esenciales.

》》》》》 ¡Si aprende **a escuchar lo que su cuerpo le dice**, sabrá exactamente lo que necesita para poder resistir!

40
CONSEJOS

21

haga una cura de vitaminas

Para funcionar al máximo, nuestro cuerpo necesita vitaminas. No obstante, una alimentación saludable y variada en ocasiones no es suficiente para hacer frente a periodos de estrés o de intenso agotamiento; en tales casos, recurra a los complementos alimenticios...

Cómo hacer frente a un mayor desgaste

Las vitaminas son indispensables en todas las reacciones químicas que nos mantienen vivos. Sin embargo, están presentes en el organismo en cantidades tan ínfimas, que durante mucho tiempo se consideraron desechos del metabolismo celular. Hoy en día, se sabe hasta qué punto es perjudicial la carencia de vitaminas, en particular cuando se enfrentan

● ● ● PARA SABER MÁS

> Para que realmente funcione una cura de vitaminas debe durar por lo menos un mes. Usted podrá tomar por separado las vitaminas que haya elegido o bien optar por un complemento multivitamínico.

> En este último caso, fíjese que no contenga hierro ni cobre ya que estos metales podrían oxidar las vitaminas y disminuir su eficacia. Las vitaminas están a la venta en farmacias, tiendas naturistas o de productos dietéticos.

situaciones estresantes, exceso de trabajo o intenso agotamiento: nuestro cuerpo requiere entonces una cantidad adicional de vitaminas para afrontar esos gastos y las extrae de sus reservas, agotando rápidamente las que más se consumen; de esa manera el organismo se desequilibra, el cansancio se hace permanente y cada vez más intenso.

Para evitar esa situación, es preciso impedir a toda costa que nuestro organismo caiga en ese estado. Por tal motivo, en cuanto usted cambie de ritmo y tenga que hacer frente a una carga excesiva de trabajo, no olvide fortalecerse con una cura de vitaminas adecuada.

Las vitaminas antifatiga

La principal vitamina antifatiga es la vitamina C. Es un potente antioxidante que protege al cuerpo de los radicales libres, fortalece el sistema inmunitario y mejora el funcionamiento del sistema nervioso.

Le siguen las vitaminas del grupo B, esenciales para evitar el agotamiento nervioso. Se encargan del tránsito del influjo nervioso entre las células cerebrales. La vitamina B9 y la B12 contribuyen a la formación de los glóbulos rojos de la sangre y previenen la anemia. La vitamina A es también un potente antioxidante, al igual que la vitamina E.

> En general, el organismo asimila mejor las vitaminas de origen natural. En cuanto a las dosis, siga los consejos del fabricante ya que cada producto tiene una dosis diferente.

EN POCAS PALABRAS

* Para hacer frente a los periodos de sobrecarga de trabajo y de estrés, nuestro organismo necesita un aporte adicional de vitaminas.

* La alimentación no basta, por lo que es preciso seguir una cura con un complemento vitamínico.

22

adáptese a los cambios de estación

Algunas personas son sensibles a los cambios de estación. Las transiciones del invierno a la primavera y del verano al otoño resultan particularmente agotadoras. Para ayudar a su organismo a superar con calma éstas, haga monodietas estacionales.

Cuestión de energía

Son numerosas las personas que se sienten cansadas al llegar el cambio de estación, y en particular al principio de la primavera y del otoño. La medicina china explica esta disminución de fuerzas debido al cambio de energía vital de un elemento a otro. Al final del invierno, la energía deja el elemento Agua y el meridiano del riñón, y entra en el elemento Madera y en el meridiano del hígado. Seis

● ● ● PARA SABER MÁS

> Una monodieta estacional es algo que debe prepararse. Una semana antes trate de comer alimentos más ligeros y vaya disminuyendo paulatinamente la cantidad de proteínas animales hasta suprimirlas por completo.

> Luego, durante tres días, coma exclusivamente la fruta que eligió sin añadirle ningún endulzante y sin límite de cantidad. Beba mucha agua.

meses después, abandona el elemento Fuego y el meridiano del corazón, para entrar en el elemento Tierra y el meridiano del bazo.

Fresas y uvas

La medicina occidental se conforma con una explicación más pragmática. Estos cambios de estación se caracterizan con frecuencia por los cambios bruscos de temperatura que alteran nuestro organismo; nuestro ritmo biológico se adapta con dificultad. Sin embargo, usted puede ayudar a su cuerpo mediante una monodieta de tres días, durante los cuales se alimentará exclusivamente con un solo tipo de alimento. Los naturistas recomiendan comer fresas al inicio de la primavera y uvas a principios del otoño. Las primeras son depurativas y contribuyen a limpiar el hígado de las toxinas acumuladas durante el invierno, también son muy ricas en vitamina C. La uva, por su parte, es diurética y ayuda a que los riñones eliminen las toxinas.

> Por último, durante la semana siguiente, vuelva poco a poco a su régimen normal; primero reintegre las verduras, luego los cereales y al final las proteínas. Si tres días le parece demasiado, siga la dieta al menos por un día, ¡no está mal para empezar!

 EN POCAS PALABRAS

* Los cambios de estación a veces resultan agotadores.

* Para ayudar a su organismo, puede hacer una monodieta.

* Durante tres días, aliméntese exclusivamente de fruta: fresas al comenzar la primavera, uvas al inicio del otoño.

23

evite los cambios de temperatura

A pesar de que unas vacaciones en otros climas mejoran el ánimo, los cambios bruscos de temperatura cansan el organismo. Para no sufrir las consecuencias, tome algunas precauciones antes de viajar.

El trópico en pleno invierno

¿Qué tal unos días de vacaciones en un lugar cálido en pleno invierno…? Por muy agradables que sean, unas vacaciones en un clima radicalmente opuesto a la estación someten al organismo a cambios de temperatura bruscos y considerables. Si esta circunstancia le resulta cansada, no es necesario que renuncie a sus vacaciones; sólo tome algunas medidas precautorias.

● ● ● PARA SABER MÁS ───────

> No olvide consultar un médico homeópata por lo menos un mes antes de su viaje. Él le prescribirá un tratamiento adecuado, en función de sus tendencias patológicas (prevención de problemas circulatorios, digestivos, respiratorios) y de su constitución. No todos reaccionamos de la misma manera a las vacaciones y lo que es apropiado para la salud de algunas personas, no resulta conveniente para otras.

Observe a los lugareños

Para tolerar mejor el calor, trate de acostumbrarse poco a poco a él, una vez que se encuentre en el lugar. Los dos primeros días, no salga a las horas más cálidas, no se exponga directamente al sol y concédase una siesta a medio día. De manera general, observe las costumbres de los lugareños.

Para soportar mejor el frío, prepare su organismo tomando duchas cada vez más frías y largas durante la semana anterior a su viaje. Practique un poco de deporte para que su cuerpo se entrene y escoja prendas que realmente se adapten al clima del país que visitará.

La homeopatía dispone además de medicamentos específicos que ayudan al organismo a adaptarse a estas variaciones tan bruscas:

• Para un enfriamiento, que se caracteriza por un cansancio intenso y repentino, tome *Camphora* 5 CH (5 gránulos cada hora durante el primer día, luego dos veces al día hasta que desaparezcan los malestares).

• Para los "golpes de calor" que generan cansancio, un descenso en el ánimo y se acompañan de fiebre, tome *Natrum carbonicum* 5 CH (3 gránulos 4 veces al día durante toda su estancia).

 EN POCAS PALABRAS

* Las vacaciones "fuera de temporada" someten al organismo a cambios bruscos de temperatura que provocan intensas fatigas.

* Prevea un tiempo de adaptación al frío y al calor.

* La homeopatía puede serle de gran ayuda.

24

prepárese para las pruebas

¿Debe enfrentar una prueba, un examen o prepararse para una entrevista difícil? Para asegurarse de estar en buena forma, prepárese durante las semanas previas.

Alimente su cerebro

El cerebro es un verdadero glotón. Cuando requiere consumir mayor cantidad de nutrientes para hacer frente a determinada situación, es el primero en servirse, a expensas de los otros órganos del cuerpo. El cansancio repercute de golpe en todo el organismo. Para evitar el agotamiento de última hora, es preciso alimentar en abundancia a las células cerebrales durante las semanas previas a la prueba. Además de lípidos y carbohidratos, el cerebro requiere vitaminas, sobre todo del tipo B, y mine-

● ● ● PARA SABER MÁS

> Las vitaminas del complejo B son numerosas y cada una de ellas ejerce una acción específica.

• La B1, por ejemplo, facilita al cerebro la utilización de la glucosa.

• La B2 favorece la regeneración celular.

• La B3 es ansiolítica y antidepresiva.

• La B5 refuerza la resistencia al estrés.

• La B6 ayuda al cuerpo a metabolizar los aminoácidos y favorece la memoria.

rales, en especial hierro y magnesio. Haga una cura de germen de trigo (muy rico en vitaminas del complejo B) y consuma frutos secos (almendras, avellanas, nueces...)

Desarrolle la motivación

Una vez que su instrumento cerebral esté listo, como un automóvil antes de un largo viaje, sólo resta reforzar su motivación ya que, si al imaginar lo que le espera el estrés se apodera de usted y se vuelve más importante que el deseo de alcanzar el éxito, corre el riesgo de quedar inerme al llegar el momento crucial.

Para lograrlo, ponga en marcha su proyecto: Escriba en una hoja de papel todas las razones por las que desea afrontar dicha prueba, así como todas las ventajas que obtendrá si tiene éxito. Trate de imaginarse después de la prueba en su nueva situación, cosechando el fruto de sus esfuerzos. De este modo fortalecerá su motivación.

- La B9 contribuye a la fabricación de los glóbulos rojos de la sangre y mejora la oxigenación.
- La B12 fortalece la concentración mental. Además de estar presente en el germen de trigo, se puede encontrar en gran cantidad en la levadura de cerveza (*véase* Consejo 40).

EN POCAS PALABRAS

∗ Si tiene que afrontar una prueba o pasar un examen, prepárese.

∗ Déle a su cerebro todos los nutrientes que necesita.

∗ Trabaje en su prueba.

25

trabaje su memoria

La memoria es como un músculo, hay que ejercitarla. Mientras más se entrene para retener las cosas en la cabeza, más eficiente se volverá su memoria cuando la necesite. Así que, en sus marcas.

Aléjese de los enemigos

Contrariamente a lo que suele creerse, es mejor ejercitar nuestra memoria tratando de recordar los pequeños detalles de la vida cotidiana en lugar de obligarnos a escribirlo todo so pretexto de no olvidar nada. Una buena memoria se ejercita día con día, con esas pequeñas acciones, en apariencia triviales, que llevamos a cabo sin darnos cuenta.

● ● ● PARA SABER MÁS

> La mayoría de las personas tiene la impresión de perder la memoria con el paso del tiempo. Aunque es cierto, no tiene nada que ver con un desgaste real de la capacidad de retención. Fuera de los estados patológicos del cerebro, no hay razón para que nos acordemos con menor precisión de nuestras vivencias a los 80 años que a los 30.

> La diferencia proviene del hecho de que otras funciones, sobre todo sensoriales, son menos eficaces; vemos y oímos con menor claridad, prestamos menor atención a los detalles, etcétera.

Antes que nada, aléjese de los enemigos conocidos de su memoria: alcohol, café, té, tabaco... Trate de dormir bien y evite situaciones que generen estrés innecesario. Algunos medicamentos también ejercen un efecto directo en la capacidad de retención, en particular los betabloqueadores, los ansiolíticos y los antidepresivos...

Establezca su propio entrenamiento

A continuación encontrará algunos hábitos útiles para ejercitar su memoria. También puede inventar algunos ejercicios que le parezcan apropiados y variarlos infinidad de veces. Lo esencial es que su memoria trabaje todo el tiempo.

• No escriba la lista de compras: haga un esfuerzo por recordar lo que necesita.

• No recurra sistemáticamente a su agenda para encontrar los números telefónicos: búsquelos primero en su memoria.

> La fatiga general del organismo repercute en la memoria, de ahí que quienes envejecen en buena forma tengan muchos menos problemas de memoria que los demás.

• Invente fórmulas mnemotécnicas: la disposición de las cifras en el teclado cuando digita un código, iniciales que le recuerden algo o una imagen inusitada.

• Cuénteles a sus amigos el libro que acaba de leer o la última película que vio.

EN POCAS PALABRAS

* La memoria se trabaja día con día. Deje de anotarlo todo y arriésguese a olvidar algo de vez en cuando.

* No revise de manera sistemática su agenda para encontrar los números telefónicos.

* Invéntese algunas fórmulas mnemotécnicas.

26 acabe con el pánico escénico

Algunas personas son objeto de un miedo intenso que les hace perder sus recursos en el último momento. Todos sus esfuerzos de preparación resultan inútiles: una inmensa fatiga les cae encima y su mente se pone en blanco... Es importante trabajar esta situación antes de pasar por una prueba y alejar así a este gran enemigo del éxito.

Tome una dosis de 15 CH una semana antes de la prueba y otra dos días antes. Se sentirá más tranquila, relajada y en pleno dominio de sus capacidades.

PARA SABER MÁS

> En homeopatía, existe un medicamento muy eficaz para evitar el pánico escénico, el *Gelsemium*, que se elabora a partir de una dilución de jazmín de Virginia.

El deseo de hacer las cosas bien es paralizante

En mayor o menor medida, todos podemos experimentar el pánico escénico. Es una reacción física y mental a la vez; una parálisis que se apodera de nosotros sin previo aviso y nos deja temblando, sudorosos, con el cuerpo extenuado y las ideas confusas. Este nerviosismo es el resultado del deseo de hacer las cosas bien. Tan bien que, en el último momento, la tarea parece irrealizable.

Para revertir este proceso, hay que empezar por la respiración. El nerviosismo se manifiesta primero por una disminución de la capacidad respiratoria, es decir que nuestra respiración se vuelve más breve. En cuanto empiece a sentirse así, haga un esfuerzo por retardar su respiración; inspire a fondo antes de expulsar todo el aire de los pulmones. Concéntrese en su respiración, a veces esto es suficiente para eliminar el estrés y alejar la ansiedad.

> No tome *Gelsemium* el mismo día de la prueba, pues corre el riesgo de encontrarse demasiado relajada; recuerde que, a veces, lo mejor es enemigo de lo bueno.

Imagine la situación ideal

La visualización es una excelente forma de prepararse. Durante las semanas previas a la prueba, relájese antes de dormir. Recuéstese en la oscuridad, respire tranquilamente y cierre los ojos. Proyecte en su mente la escena, como desearía que ocurriera: usted está ahí, en pleno dominio de sus capacidades, ante su interlocutor, que se muestra sonriente, afable y satisfecho al ver que responde a todas sus preguntas. ¡Adelante!, ¡no se reprima, no descuide ningún detalle! Entre más realista sea la escena y más veces la repita, más eficaz resultará para mantener al margen la inseguridad y la ansiedad cuando llegue el momento.

EN POCAS PALABRAS

* Para acabar con el pánico escénico y la ansiedad y así poder escapar de una fatiga física e intelectual difícil de superar, es preciso prepararse con anticipación.

* Aprenda a respirar bien. Visualice la situación ideal.

* Tome una dosis de *Gelsemium* 15 CH una semana antes de la prueba, y otra dos días antes.

Los aceites esenciales de las plantas son muy buenos para tonificar el organismo y acabar con los momentos de cansancio. Pero tenga cuidado si los toma por vía oral, ya que pueden resultar tóxicos. Respete las dosis.

27

anímese con aceites esenciales

¿Estrés físico o mental?

Los aceites esenciales son extractos de plantas muy concentrados y eficaces. Sus virtudes se asemejan a las de la planta de la cual provienen, sin llegar a ser totalmente idénticos. Durante la destilación, algunos principios activos de la planta no son lo suficientemente fuertes para resistir el vapor, pero al mismo tiempo también se van creando nuevas asociaciones moleculares al contacto con la humedad y el calor.

● ● ● P A R A   S A B E R   M Á S

> Por vía oral, los aceites esenciales se toman a razón de 2 gotas sobre un terrón de azúcar o en un poco de agua, 2 veces al día como máximo. Sobre todo tenga cuidado de no aumentar las dosis pues estos productos son altamente concentrados y algunos aceites pueden resultar tóxicos, en particular los que ejercen una acción en el terreno psicológico y nervioso. Antes de tomar un aceite esencial por vía oral, pida consejo a un médico especialista en aromaterapia.

Algunos aceites esenciales se recomiendan para combatir los episodios de fatiga. Es posible elegir un aceite específico según la situación que esté viviendo: un periodo de trabajo excesivo, de estrés mental o de intenso esfuerzo físico.

Los aceites esenciales que usted necesita

• Contra el cansancio físico: canela, menta piperita, geranio, romero, tomillo.
• Contra la fatiga nerviosa: neroli, lavanda, salvia, romero, albahaca.
• Contra la fatiga mental o intelectual: tila, verbena, toronja, jengibre, limón.

> En caso de duda, mejor recurra a los masajes: 5 ml de aceite esencial en 100 ml de un aceite base (almendras dulces, semilla de uva, jojoba, etc.); dé masaje en las zonas tensas como la nuca, los hombros, las sienes. Los principios activos también penetran a través de la piel.

 EN POCAS PALABRAS

* Los aceites esenciales son concentrados de plantas muy eficaces contra el cansancio.

* Se eligen aceites diferentes según el tipo de fatiga: física, nerviosa o intelectual.

* No aumente las dosis, ya que hay aceites que pueden resultar tóxicos. Consulte a un especialista en aromaterapia.

28

anímese con plantas estimulantes

Ginseng, eleuterococo, shiitake... Plantas de todo el mundo se concentran en los anaqueles de las farmacias y de las tiendas naturistas, listas para sacarla de su letargo y devolverle la energía. Confíe en ellas.

Vigor *made in China*

El ginseng proviene de China. Su nombre local, *ren shen*, significa "hombre perfecto", denominación que obedece sin duda a la forma de su raíz que se asemeja a una silueta. Ayuda al organismo a enfrentar presiones originadas por situaciones difíciles como el cansancio físico, el exceso de trabajo y el estrés. Sin ser realmente un excitante, el ginseng tonifica; es una verdadera maravilla contra el cansancio.

● ● ● PARA SABER MÁS

> El shiitake no es realmente una planta antifatiga. Se trata de un hongo japonés capaz de reactivar el sistema inmunológico evitando que un simple episodio de fatiga se transforme en una infección con el primer microbio que se presente; un pequeño "extra" nada despreciable.

Si su sabor tan peculiar no le disgusta, cada mañana puede comer un trocito de raíz fresca. También puede encontrar ginseng en diversas presentaciones (ampolletas o ampollas, cápsulas, etc.), ya sea solo o combinado con otras sustancias tonificantes, sobre todo con jalea real.

La energía que vino de Rusia

En las vastas estepas de la lejana Rusia, crece el eleuterococo como mala hierba. Numerosos estudios han demostrado que este pequeño arbusto espinoso es muy eficaz para combatir la fatiga física y mental. Sus principios activos activan los organismos desgastados por el exceso de trabajo. Para ello se utiliza toda la planta: hojas, tallos y raíces. Es común encontrarla en cápsulas o en extracto; esta última presentación es la más eficaz.

> En algunas épocas del año, podrá encontrar shiitake fresco, de lo contrario puede adquirirse en cápsulas.

EN POCAS PALABRAS

* Algunas plantas ayudan a tonificar los organismos cansados.

* El ginseng, proveniente de China, es la planta "número uno" contra la fatiga.

* El eleuterococo, originario de Rusia, fortalece los organismos agotados por exceso de trabajo.

29 pruebe la kava kava

Esta planta es originaria de Polinesia y se utiliza en ceremonias rituales. La kava kava es única; tonifica y relaja; por la mañana nos ayuda a despertar y por las noches, a conciliar el sueño.

Una planta para todos los tipos de fatiga: por una parte, la kava kava calma los nervios, alivia las tensiones, equilibra el humor; y por la otra, despierta la alegría de vivir y proporciona vitalidad. Ya sea que su fatiga se manifieste con agotamiento o bien, con un estado de excitación y ansiedad, la kava kava le resultará muy benéfica.

Más eficaz que los medicamentos: algunos componentes de la planta, los kava-lactones, son tan eficaces como los medicamentos químicos para combatir la ansiedad. Esto quedó demostrado gracias a un estudio realizado en Alemania, en el que compararon los efectos de la kava kava con los de una benzodiazepina. Sin embargo, hay que ser cautelosos ante el riesgo de dependencia ya que esta planta induce un estado de euforia tal, que algunas personas no podrán prescindir de ella. Los productos a base de kava kava se encuentran en diversas presentaciones: en cápsulas o líquido para beber muy desagradable al paladar, pero le da vitalidad, vale la pena hacer un pequeño esfuerzo.

●●● PARA SABER MÁS

> **Entre sus numerosas virtudes oficialmente reconocidas, la kava kava es sedante, estimulante, anestésica, antiséptica y, al parecer, también afrodisiaca. Pero tenga cuidado; no se recomienda su uso durante el embarazo o la lactancia, ni combinada con a un antidepresivo.**

EN POCAS PALABRAS

* La kava kava es una planta de Polinesia, estimulante y sedante a la vez.

* Es eficaz para combatir todo tipo de fatiga.

30 descubra la coenzima Q10

Es minúscula pero indispensable. Nuestra vitalidad física e intelectual depende de su presencia en el organismo en cantidad suficiente. La coenzima Q10 es la gran aliada de los deportistas de alto nivel y, quizás, de usted.

¡Nuestra energía depende de ella! Una coenzima es una sustancia presente en el organismo en ínfima cantidad, pero indispensable para que se lleven a cabo con éxito determinadas reacciones bioquímicas de las células. Es el caso de la coenzima Q10. Como actúa en el corazón mismo de todas nuestras células, afecta todas nuestras funciones vitales. Cuando carecemos de ella, también perdemos toda nuestra energía.

En particular después de los 50 años y en periodos de intensa fatiga: nuestro cuerpo es capaz de sintetizar la coenzima Q10 a partir de sustancias contenidas en la alimentación. La encontramos en pescados grasos, carne, aves, nueces, avellanas y algunas verduras como las espinacas. Este aporte natural no es suficiente si tiene más de 50 años, si padece de problemas hepáticos o si atraviesa por un periodo particularmente agotador.

● ● ● PARA SABER MÁS

> **Nuestras necesidades cotidianas de Q10 se sitúan entre 30 y 90 mg diarios. Sin embargo, aún no se ha establecido de manera oficial ningún aporte cotidiano. Podemos encontrar esta coenzima en farmacias y tiendas naturistas como complemento alimenticio.**

EN POCAS PALABRAS

* La coenzima Q10 es indispensable para que las células transformen los nutrientes en energía.

* Una cura le permitirá combatir la fatiga y la pérdida de la memoria.

31

viva su embarazo sin fatiga

¡Nueve meses y no precisamente de descanso! Durante el embarazo, el cuerpo femenino sufre transformaciones, alteraciones de ritmo, cambios incesantes... Para llegar en buena forma al alumbramiento, es preciso prevenir la fatiga.

Alimentación saludable y vitaminas

La alimentación constituye el arma número uno de las mujeres embarazadas. Su cuerpo necesita nutrientes esenciales que lo liberen de toxinas. Usted aporta al feto las sustancias que precisa para su desarrollo. Sin embargo, de ser necesario, el bebé las recibirá primero, de modo que usted podría sentirse muy cansada. Por eso, prefiera una alimentación saludable y variada (¡pero sin comer por dos!), y procure tomar complementos

●●● PARA SABER MÁS

> Estos medicamentos se toman a razón de 3 gránulos, 3 veces al día. Sin embargo, si los malestares persisten, consulte a un médico homeópata para que ajuste el tratamiento y lo adapte a su caso.

> También existen medicamentos homeopáticos para las náuseas, los trastornos del sueño, los problemas digestivos, la ansiedad y la depresión.

alimenticios. Existen productos especialmente indicados para embarazo que proporcionan los nutrientes indispensables en cantidades adecuadas.

No olvide los gránulos

Es difícil tomar medicamentos alópatas durante el embarazo ya que estas sustancias pasan a través de la placenta y llegan al feto. No obstante, hay algunos malestares que producen fatiga: náuseas, insomnio, ansiedad, estreñimiento, sin mencionar la sensación de agotamiento propia de este estado. La homeopatía es una medicina exenta de toxicidad y se adapta a la perfección a la mujer embarazada. Los siguientes son algunos ejemplos de medicamentos contra la fatiga del embarazo producida por diversos factores:

• Cansancio por pérdida de líquidos (diarrea, vómitos): China rubra 9 CH.
• Cansancio mental que desaparece con actividad física: *Kalium phosphoricum* 9 CH.
• Cansancio mental que no desaparece con actividad física: *Phosphoricum acidum* 9 CH.
• Fatiga resultante de un esfuerzo físico: *Árnica montana* 5 CH.
• Fatiga por la mañana al despertar que se atenúa luego de una o dos horas: *Sepia* 9 CH.

 EN POCAS PALABRAS

∗ Durante el embarazo es indispensable llevar una alimentación sana y variada.

∗ Procure, además, hacer curas regulares de complementos alimenticios adaptados a sus necesidades.

∗ Para el cansancio y las molestias del embarazo recurra a la homeopatía.

32

¿y para la resaca?

Una velada entre amigos resulta siempre agradable. Sin embargo, basta una cena en la que el vino fluya más de la cuenta, o una noche más breve de lo normal, para que el día siguiente sea una tortura. Anticípese; la homeopatía y las plantas serán sus aliadas para combatir la resaca.

Ayude a su hígado

No hay nada de malo en pasar un rato ameno. Así es, pero nuestro organismo no siempre opina lo mismo y a veces sufre las consecuencias de nuestros festejos. Si no desea renunciar a esa vida social tan placentera, aprenda a preparar el terreno. Si tiene una invitación para salir entre semana pero debe trabajar al día siguiente, procure descansar y acos-

● ● ● PARA SABER MÁS

> Si incurrió en comilonas, haga inmediatamente una cura con leche de arcilla durante una semana, para ayudar a su cuerpo a eliminar las toxinas acumuladas.

> Prepare la leche de arcilla mezclando una cucharada sopera de arcilla en polvo con agua purificada. Remueva con una cuchara de madera y deje reposar toda la noche. Al día siguiente beba el agua.

tarse temprano los días previos a su compromiso; de este modo podrá soportar mejor la falta de sueño. Asimismo, prepare su cuerpo para los excesos; drene su hígado tomando cápsulas de alcachofa con una semana de anticipación; coma rábano negro y diente de león. No beba demasiado alcohol, mejor opte por un buen vino tinto y evite mezclar bebidas.

Tome *nux vómica*

Nux vómica: éste es el medicamento homeopático que necesita. Es una dilución de nuez vómica y resulta muy eficaz para prevenir y aliviar los excesos alimenticios. Las comidas muy pesadas, demasiado grasosas, copiosas, acompañadas de alcohol, no oponen resistencia a sus efectos. La víspera de una salida, tome una dosis de *Nux vómica* 7 CH y, al

día siguiente, tome 5 gránulos 4 veces durante la jornada. Puede continuar el tratamiento incluso un día más si persiste la sensación de náusea y cansancio.

> La arcilla tiene la capacidad de absorber a su paso todas las toxinas y eliminarlas del organismo. ¡Una auténtica limpieza interna!

* EN POCAS PALABRAS

* Si prevé un "atracón" de comida, prepare su cuerpo para que resista el cansancio durante los días posteriores.

* Haga una cura de alcachofa para desintoxicar su hígado.

* La víspera, tome una dosis de *Nux vómica* 7 CH.

33

respete su convalecencia

Es normal sentirse fatigada tras una enfermedad. Durante la convalecencia, el organismo retoma, poco a poco, un ritmo normal de actividad. Es un periodo que debe respetarse.

Un cansancio normal

Al salir de una fuerte gripe, nos sentimos cansados. ¡Es normal! Con más razón después de una intervención quirúrgica o de una enfermedad grave. El organismo necesita este tiempo de recuperación para recobrar paulatinamente su ritmo óptimo de actividad. Antaño, la convalecencia era un periodo que la gente solía respetar. A los enfermos se les enviaba a lugares especiales. En la actualidad, desearíamos reanudar nuestras actividades en cuanto desaparecen los síntomas, pero es un error. Tampoco es

● ● ● PARA SABER MÁS ───────────

> Si le agrada la cocina mediterránea, este es el momento de darse un pequeño gusto. Sus ingredientes son idóneos para facilitar la recuperación luego de una enfermedad.

> El ajo contiene principalmente yodo y zinc, así como sustancias que mejoran la circulación sanguínea.

> Las hierbas aromáticas, como la ajedrea o el romero, fortalecen y reactivan el metabolismo general.

necesario atiborrarse de tónicos para abreviar este periodo de recuperación.

Las plantas que ayudan a restablecerse

Si desea fortalecer su organismo convaleciente sin hacerle padecer una nueva situación estresante, opte por las plantas.

• El aceite esencial de geranio estimula el trabajo de las glándulas suprarrenales y facilita la recuperación general del organismo. Vierta dos gotas directamente en la palma de la mano o en la muñeca y aplique un ligero masaje hasta que penetre por completo.

• Las yemas o brotes de grosella negra combaten la fatiga propia de la convalecencia gracias a las vitaminas y minerales que contienen. Pida a su farmacéutico, o a un experto en plantas medicinales, que le prepare grosella negra macerada 1D y tome 50 gotas en un poco de agua por la mañana y por la noche.

• Dése un baño de sauce: ponga 50 g de corteza de sauce y 50 g de reina de los prados en 1 litro de agua hirviendo y déjelos reposar. Luego, cuélelos y añada este líquido al agua del baño. De preferencia tome estos baños cada tercer día por la mañana.

EN POCAS PALABRAS

* Luego de una enfermedad, es normal sentirse fatigada. Hay que respetar este tiempo de convalecencia.

* Para fortalecer su cuerpo apaciblemente, recurra a las plantas: geranio, grosella negra, sauce blanco, ajo, ajedrea y romero.

34 abuse de la vitamina C

Es la más conocida de las vitaminas, la encontramos en prácticamente todos los complementos alimenticios para estar en forma. El organismo asimila mejor la vitamina C de origen natural que la vitamina C sintética.

● ● ● PARA SABER MÁS

> La vitamina C natural se oxida rápidamente al contacto con el aire.

> Cuando prepare jugos de fruta, bébalos de inmediato ya que, al cabo de una hora, habrán perdido más de la mitad de su contenido vitamínico.

Kiwi, perejil, limón, grosella negra

La vitamina C actúa a diferentes niveles. En primer lugar, es un potente antioxidante que protege las células contra el envejecimiento y, por ende, contra el cansancio. Refuerza el sistema inmunológico, mejora la transmisión y almacenamiento del hierro, elimina los metales pesados que provocan cansancio y favorece la acción antiinflamatoria natural de las hormonas. Además, es una fuente de vitalidad tanto física como mental. La primera señal de carencia de vitamina C es una intensa fatiga.

El organismo asimila mejor la vitamina C natural que la vitamina C química. Entre otras cosas, la primera provoca menos nerviosismo. Se encuentra en algunas frutas como la grosella, el kiwi, la grosella negra, las fresas, la guayaba, la papaya, los cítricos; también en el perejil, los berros, la col (repollo), el tomate, la lechuga, el pimiento y el brócoli. En particular una pequeña cereza de las Antillas o acerola, es rica en esta vitamina (1 300 mg por cada 100 g), y la baya del escaramujo (1000 mg por cada 100 g).

> Lo mismo ocurre con las frutas y verduras; no las ponga a remojar, cuézalas rápidamente y luego pélelas. La vitamina C se queda en el agua de la cocción.

Hasta 18 g diarios

Linus Pauling, premio Nobel de Química en dos ocasiones, desarrolló una verdadera pasión por esta vitamina. ¡Tomaba 18 g diarios! Murió de más de 90 años en muy buena forma. Los consejos que dan los nutricionistas son más razonables. Las dosis recomendadas son de 60 mg diarios en niños menores de 12 años y de 100 mg al día para los adultos. Sin embargo, estas necesidades aumentan según el caso: tratamientos médicos (píldora, aspirina, hierro); actividad deportiva intensa; tabaquismo; estrés; exceso de alcohol; infecciones. Si se encuentra en cualquiera de estas situaciones problemáticas, puede tomar sin riesgo hasta 3 g al día.

EN POCAS PALABRAS

* La vitamina C es la vitamina "número uno" contra la fatiga.

* El organismo la asimila mejor cuando proviene de la alimentación.

* Se encuentra en frutas y verduras, sobre todo en la acerola y en la baya del escaramujo.

Esta pequeña alga de color azul está repleta de nutrientes esenciales. Gracias a ella, el pueblo azteca, cuya alimentación acusaba fuertes carencias, se protegió de la desnutrición.

Pan de algas en todas las comidas: es el oro azul del desierto. En la década de 1950, el etnólogo Brandilly la descubrió de nuevo, fascinado por los reflejos azules de los lagos de Chad. La alimentación tradicional del pueblo Kanembou, que vive en aquellas regiones, adolece de muchas carencias, sobre todo de proteínas. Y, sin embargo, nadie presenta signos de deficiencias nutricionales. Brandilly se dio cuenta de que esa buena salud se debía al pan de algas que los nativos consumían en todas las comidas.

Una riqueza excepcional: actualmente se sabe que la espirulina contiene proteínas en grandes cantidades, ácidos grasos esenciales, vitaminas, minerales y oligoelementos. Es un formidable instrumento de prevención contra la fatiga y el envejecimiento. Sus proteínas contienen todos los aminoácidos esenciales, lo cual es poco común en el reino vegetal. También refuerza la acción del sistema inmunológico y evita las infecciones provocadas por el cansancio.

●●● PARA SABER MÁS

> **La dosis recomendada es de 10 mg diarios. La espirulina está a la venta en las tiendas naturistas ya sea en polvo o en tabletas. También hay alimentos enriquecidos con espirulina: pastas, barras de frutas, etcétera.**

EN POCAS PALABRAS

* La espirulina protege de las carencias nutricionales.

* Es rica en nutrientes esenciales: proteínas, ácidos grasos, vitaminas, minerales.

36 evite los dolores musculares

Una buena sesión de ejercicio físico provoca un cansancio saludable; elimina la tensión nerviosa y el sueño se vuelve reparador; sin embargo, un esfuerzo brusco y excesivo no es recomendable para los músculos.

Dolor y rigidez: Cuando obligamos a que el organismo sin preparación previa realice bruscamente un esfuerzo, los músculos reaccionan. A la mañana siguiente, despertamos adoloridos y tensos. Esto se debe a una acumulación de ácido láctico en el músculo. Para evitarlo, es preciso tomar algunas medidas de precaución.

Las medidas correctas para combatir los dolores: nunca se esfuerce demás. Si reanuda algún deporte, hágalo poco a poco; no olvide el calentamiento y prevea algunas sesiones a ritmo moderado. Después del esfuerzo, tómese el tiempo necesario para recuperarse, baje el ritmo paulatinamente, estírese. También beba agua antes, durante y después de la actividad, ya que sus músculos la necesitan para eliminar las toxinas que liberó el movimiento. Por último, consuma alimentos que contengan azúcares lentos.

● ● ● PARA SABER MÁS

> Si tiene dolores musculares, recurra a la homeopatía y tome *Árnica* 9 CH, 3 gránulos cada 2 horas hasta que disminuyan los dolores. No ingiera este medicamento antes de la actividad física, ya que borra la fatiga e impide saber si nos estamos excediendo.

EN POCAS PALABRAS

∗ Los dolores musculares se deben a la acumulación de toxinas en los músculos.

∗ Beba agua, no se exceda, haga ejercicios de calentamiento antes y estírese después.

∗ Tome el Árnica 9 CH para atenuar el malestar.

37

estimule su energía

¿Falta de energía? Recurra a las técnicas chinas para reactivar su vitalidad en los periodos difíciles. El masaje en algunos puntos específicos es de gran ayuda para que la energía vital circule sin obstáculos por todo el organismo.

Estimule, estimule…

Para la medicina china, la salud y la condición física dependen de la circulación de la energía vital en el cuerpo. Si es armoniosa, regular y permanente, todo va bien. Si se bloquea, o se estanca demasiado en determinadas zonas y llega a faltar en otras, aparecen los problemas. Para reactivarla, los acupunturistas utilizan agujas que insertan en puntos muy precisos, a lo largo de canales energéticos denominados meridianos. Sin embargo, usted puede hacerlo sin ayuda estimulando con la yema del dedo ciertos puntos fáciles de localizar.

En la pierna, en la muñeca y en el vientre

Tradicionalmente, se trabajan tres puntos para combatir la fatiga.
① El primero se sitúa justo en el hueco formado por la unión de la tibia y el peroné en la parte delantera de la pierna, debajo la rodilla.

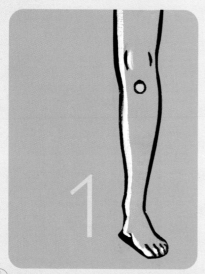

② El segundo se localiza en el antebrazo, dos dedos arriba del pliegue de la muñeca, entre los dos huesos.

③ El tercero se ubica en el vientre, dos dedos por debajo del ombligo.

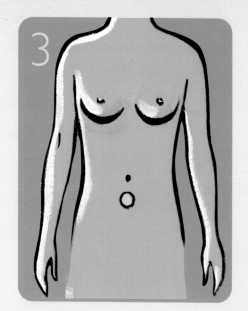

> Para estimular estos puntos, basta apoyar firmemente con el pulgar sin llegar a provocar dolor, ya que las zonas a tratar suelen ser sensibles al tacto.

También puede girar en el sentido de las manecillas del reloj y luego en sentido opuesto; un sentido dispersa los excesos, mientras que el otro atrae la energía hacia los lugares que carecen de ella. En caso de duda, hágalo de las dos formas. Si siente un efecto, insista un poco más.

EN POCAS PALABRAS

* En medicina china, la vitalidad depende de la circulación de la energía en el cuerpo.

* Para regularizarla, usted mismo puede estimular algunos puntos muy precisos.

* Los principales puntos antifatiga se sitúan en la pierna, la muñeca y el vientre.

38

no olvide las flores

Los elíxires florales no son, en el sentido estricto de la palabra, productos tonificantes. Resultan demasiado sutiles para eso. Sin embargo, al reequilibrar nuestros estados de ánimo, nos ayudan a combatir los episodios de fatiga de origen emocional y psicológico.

Un médico fuera de serie

Edward Bach no era un médico cualquiera. En Inglaterra, a principios del siglo XX, dedicó toda su carrera a buscar en la naturaleza un remedio que fuera capaz de curar desde adentro. Para él, todas las enfermedades del cuerpo tenían por origen algún malestar del alma. Así se dio a la tarea de reconciliar a sus pacientes con ellos mismos de manera que, al recobrar su equilibrio íntimo, lograran superar todas sus patologías.

● ● ● PARA SABER MÁS

> Los elíxires florales se adquieren en las tiendas naturistas y en algunas farmacias especializadas. Cada mañana, prepare su esencia para el día; ponga 2 gotas de esencia pura en medio vaso de agua. Beba algunos sorbos varias veces durante el día.

> Una cura básica dura por lo menos 4 semanas. También puede añadir unas 10 gotas de esencia en el agua de baño o darse masaje con 5 gotas de la esencia en alguna parte del cuerpo particularmente contraída.

Fue así como creó los elíxires florales que llevan su nombre. Se trata de sutiles extractos de flores, algunos de los cuales resultan particularmente eficaces para combatir la fatiga psicológica y emocional.

Los elixires que levantan el ánimo

A continuación encontrará algunas esencias, entre las 38 formuladas por el doctor Bach; pueden ayudarle a recuperar el ánimo.

- **Heliantemo** *(Rock Rose)*: si sufrió un choque emocional o una violenta situación de estrés, este elíxir devuelve el ánimo y el autocontrol en casos de urgencia.
- **Impatience** *(Impatiens)*: para aquéllos que se sienten tan tensos interiormente que su fatiga nerviosa se traduce en violentos arranques. Esta esencia les ayudará a reaccionar con mayor serenidad.
- **Roble** *(Oak)*: para las personas que jamás muestran su cansancio y que tratan de pasar por superhéroes. Les gusta ayudar a los demás, pero nunca permiten que otros los ayuden. Este elixir reactiva la energía y reequilibra la personalidad.
- **Genciana** *(Gentian)*: si en su mente se repiten hasta el cansancio las mismas ideas negras, este elixir le ayudará a conservar la autoconfianza y la voluntad.

EN POCAS PALABRAS

* Las esencias florales del doctor Bach son sutiles extractos de flores que armonizan nuestros estados de ánimo.

* Son muy eficaces para aliviar las fatiga psicológica y nerviosa.

* Pruebe los elíxires de heliantemo, genciana, roble o impatience.

39

aprenda a relajarse

¿Y si la causa de su falta de vitalidad fuera simplemente su propia incapacidad para relajarse, para olvidar sus preocupaciones y aliviar la tensión de sus músculos? ¿Y si aprender a relajarse fuera suficiente para recobrar la energía?

Actúe antes de sentirse extenuada

Para no sentirse cansado, a veces simplemente ¡basta aprender a relajarse! Es algo que parece obvio y, sin embargo... Hay ocasiones en que nos vemos sometidos a un ritmo tan intenso que "olvidamos" descansar. Las jornadas desenfrenadas se suceden, luego de fines de semana llenos de obligaciones familiares. Y vamos sobre la ola hasta que nos hundimos...

● ● ● PARA SABER MÁS —————

> Si lo desea, también puede practicar un método de relajación más codificado con un terapeuta que le revelará todos los misterios.

> Psicoterapeutas especialmente capacitados practican el *training* autógeno, la relajación de Jacobson, el pensamiento positivo, la sofrología (*véase* Consejo 52), y muchas otras técnicas.

Fatigados, exhaustos. Si se encuentra en este caso, es hora de reaccionar. Aprenda a relajar sus músculos y a frenar sus pensamientos.

Contraiga, relaje, huela, admire

Basta disponer de un sitio donde nadie la moleste. Recuéstese, apague la luz, cierre las cortinas, póngase tapones en los oídos si le molesta el ruido, o escuche una música ligera y apacible. Luego respire amplia, tranquila y profundamente. Concéntrese en su respiración hasta que sienta calma en su interior. Fije entonces su atención en una zona del cuerpo que sienta contraída (hombros, nuca, espalda, pierna, brazo). Acentúe la contracción en ese lugar; apriete los músculos tan fuerte como pueda y luego relájelos. Cuando todo su cuerpo esté bien relajado, imagínese paseando en un plácido paisaje: huela las flores, escuche el canto de los pájaros, camine descalza en la hierba o sobre la arena. Al final de su paseo, se sentirá descansada y llena de energía, ¡lista para enfrentar nuevas situaciones estresantes!

> Lo más importante es que encuentre una herramienta apropiada para que la utilice de manera placentera y lo más a menudo posible.

40 haga una cura de levadura

Sí, con la que hace subir la masa para el pan. Desde hace milenios, el hombre conoce las virtudes de este hongo microscópico que refuerza nuestras defensas y previene la fatiga tanto física como nerviosa.

La prueba del ejército: el primer ensayo "clínico" involuntario data de 1934. El ejército suizo notó que los soldados que comían levadura de cerveza en su ración cotidiana toleraban mejor el cansancio que los demás. En la década de 1950, se puso de moda gracias al nutricionista estadounidense Gayelord Hauser, que trataba a las estrellas de Hollywood.

Un mes cada estación: la levadura contiene proteínas (50%) y aminoácidos esenciales indispensables para la regeneración de la masa muscular. Es muy rica en vitaminas del complejo B, en vitamina E y en minerales. De ahí que proteja de la fatiga física, intelectual y emocional. Lo ideal es seguir una cura de un mes con cada cambio de estación. La levadura está disponible en hojuelas que se agregan a los alimentos, en tabletas o en ampolletas.

PARA SABER MÁS

> La levadura se alimenta de la cepa en la que se desarrolla, así que su composición varía dependiendo del cereal en el que germinó.

La más rica en nutrientes es la levadura de cerveza que crece en la cebada germinada.

EN POCAS PALABRAS

* La levadura es muy rica en aminoácidos, vitaminas del complejo B y minerales.

* Para mantenerse en forma, haga una cura de un mes en cada cambio de estación.

testimonio

aprendí a actuar paso a paso

"Soy una persona muy activa, pero no un corredor de fondo; me agradan los periodos de estrés intenso, pero breves, seguidos de un tiempo de reposo. Así me gusta trabajar y de este modo soy más eficaz. El problema es que no siempre sigo mi propio ritmo. Trabajo en el campo de la comunicación y tengo que responder a situaciones de estrés cuando ya no me quedan muchas reservas, pero por fin aprendí a manejar la situación. Cuando veo que se aproxima uno de estos periodos, me entreno como un deportista de alto nivel; hago una cura de vitaminas, me preparo mentalmente, practico un poco más de deporte, sin excederme. Hace poco descubrí una planta que me hace un efecto increíble, la kava kava. Había tenido oportunidad de probarla durante un viaje por el Pacífico, hace 6 años, y me encantó. Es formidable; el estrés desaparece como por arte de magia, se siente uno de buen humor y ¡sin la sensación de cansancio!"

≫ Insidiosa y lentamente, usted ha caído en un estado de fatiga permanente. **Por la mañana despierta agotada** y pasa todo el día sumida en la confusión, esperando a que llegue la noche.

≫≫ **Una fatiga como ésta exige tratamiento médico;** es preciso cerciorarse de que no proviene de una enfermedad latente o bien de una depresión escondida.

≫≫≫ Una vez descartadas estas eventualidades, usted podrá recurrir a métodos un poco más fuertes como la homeopatía para un tratamiento de fondo, el yoga, el *qi gong*, la acupuntura o la yemoterapia. **¿Y por qué no, una buena cura de talasoterapia?**

60
CONSEJOS

41

acorrale a la depresión

Una fatiga constante sin razón aparente, que se manifiesta desde el momento en que despierta, es uno de los primeros síntomas de la depresión. Si no tiene ganas de hacer nada, si el más mínimo esfuerzo le parece irrealizable, acuda al médico.

Una verdadera enfermedad

La depresión es una verdadera enfermedad que no tiene mucho que ver con los episodios pasajeros de melancolía. Se manifiesta por una incapacidad total para reaccionar ante los consejos de quienes nos rodean: "vamos, muévete, haz un esfuerzo", etc. Es un desplome de la energía vital, tanto física como psicológica. La persona depresiva no tiene ganas de nada. Es incapaz de proyectarse en el futuro y de hacer frente a las dificultades de la existencia. El simple hecho de

● ● ● PARA SABER MÁS ─────────

> La homeopatía es una medicina alternativa, adecuada para el tratamiento de la depresión. No obstante, la elección del medicamento queda reservada al médico ya que debe adaptarse exactamente al caso del paciente.

> Existen diversos perfiles de la persona depresiva según su comportamiento, sus vivencias interiores, el origen de su problema…

levantarse por la mañana para vestirse le parece irrealizable. A esto se suman importantes dificultades de comunicación que, poco a poco, van aislando a la persona de su entorno.

Físicamente, la depresión se manifiesta por modificaciones en el equilibrio bioquímico del cerebro, sobre todo por una considerable disminución en el nivel de serotonina.

Afrontar el problema

La depresión exige una seria atención médica. Los antidepresivos suelen resultar eficaces ya que restablecen la química interna del cerebro, sin embargo, cuando se suspende el tratamiento, es muy posible que los síntomas aparezcan de nuevo. Por esta razón, conviene aprovechar esta mejoría durante el tratamiento para consultar a un psicoterapeuta y tratar de curar la causa de la depresión. De hecho, 95% de los casos de depresión entran en la categoría denominada reaccional, es decir, aparecen como respuesta a una vivencia imposible de soportar: choque emocional, ruptura, acumulación de problemas, abandono de sí mismo; 5% obedece a desequilibrios cerebrales fisiológicos.

 EN POCAS PALABRAS

* Una fatiga que se manifiesta desde la mañana, sin razón aparente, asociada a una pérdida de las ganas de vivir, es uno de los primeros síntomas de la depresión.

* Es una verdadera enfermedad que necesita atención médica (antidepresivos y psicoterapia).

¿Tiene usted incrustaciones dentales? ¿Sabía que en ocasiones esas amalgamas metálicas provocan una lenta intoxicación del organismo que se manifiesta con una intensa fatiga? No deje de ir al dentista.

42

verifique el estado de sus dientes

Una amalgama de mercurio y plomo

Para curar una caries, el dentista limpia el diente y, de ser necesario, le hace endodoncia (es decir, mata el nervio), luego llena la cavidad con una amalgama hecha con diferentes metales, entre otros, plomo y mercurio. Estos dos metales son sumamente tóxicos.

Durante mucho tiempo, los médicos creyeron que estas aleaciones eran perfectamente estables y que no se diseminaba la más mínima partícula en el

● ● ● PARA SABER MÁS ───────────

> En 1989, la revista científica estadounidense *The Lancet* publicó un estudio que demostró que los dentistas tienen en el cuerpo (hipófisis y cerebro) una concentración de mercurio muy superior al promedio.

> Los dentistas se intoxican debido a los numerosos tratamientos que se realizan con este metal tan tóxico. ¿Esto explicaría quizá que la tasa de suicidios en dicha profesión sea muy superior al promedio?

organismo. No obstante, numerosas investigaciones han demostrado que, al contacto con la saliva, algunas amalgamas van desprendiendo poco a poco sus partículas de plomo y mercurio. Al tragarlas con la saliva, se intoxica lentamente el organismo, y de esto no cabe duda. El resultado se traduce en dolores de cabeza, problemas de memoria y de concentración y, sobre todo, una intensa fatiga.

Reemplace sus amalgamas

No todos los dentistas están de acuerdo en cuanto a la toxicidad de las amalgamas dentales; sin embargo, cada vez son más los que consideran esta eventualidad. Cuando descubren que las amalgamas están defectuosas, pueden retirarlas y reemplazarlas por otros materiales, en particular por materiales sintéticos que duran menos pero que son del todo inofensivos.

Una vez liberado de su intoxicación permanente, el organismo se va limpiando poco a poco. Usted puede acelerar este proceso si cada semana, durante 3 meses, toma una dosis de *Mercurius solubilis* 5 CH. Debido al principio de semejanza, la dilución homeopática de mercurio ayuda al cuerpo a eliminar dicho metal.

 EN POCAS PALABRAS

* Las amalgamas dentales pueden provocar una intoxicación con metales pesados que produce una intensa fatiga.

* Para solucionar esto, basta reemplazar las amalgamas defectuosas con otras hechas con otro tipo de materiales.

43

aduéñese de su tiempo

De tanto ir atrás del tiempo, éste se nos escapa.

Nos sentimos vulnerables, incapaces de organizar

nuestras jornadas y frustrados todo el tiempo por

no haber cumplido nuestra tarea hasta el final.

Es hora de reaccionar.

Cansancio e insatisfacción

La fatiga no se disuelve en una agenda saturada, ¡al contrario! Entre más trabajo nos cueste administrar nuestro tiempo, más nos desgastará el cansancio. En la medida en que un día nos deja un sentimiento de insatisfacción, nos sentiremos aún más cansados ya que tenemos la sensación de que no pudimos con nuestra tarea, de que no cumplimos con nuestro contrato.

●●● PARA SABER MÁS

> Si en verdad no logra administrar su tiempo, tome un curso especializado. ¡Sí!, es posible aprender a administrar el tiempo.

> Existen técnicas precisas que más tarde podrá integrar a su vida diaria tanto en el terreno profesional como en el familiar.

Pero si queremos lograrlo, debemos saber organizar nuestro tiempo, darle prioridad a nuestros quehaceres de manera razonable y concedernos espacios de descanso. Si no, todo se saldrá de control.

Para reconciliarse con el tiempo

Las siguientes son algunas pistas que le serán de gran ayuda para que se reconcilie con el tiempo que pasa... ¡muy de prisa!

• Cada mañana, haga una lista precisa de lo que tiene que hacer durante el día y cada vez que haya terminado una tarea, márquela. De esta manera podrá ver a qué velocidad avanza.

• Aunque tenga por delante un trabajo colosal que le tome varios días, semanas o hasta meses, divídalo por días. ¡A cada día su afán!

• Resérvese siempre dos pequeños espacios de tiempo libre. El primero es para usted, lo necesita para retomar fuerzas (una breve relajación, una función de cine, una conversación con una amiga, etc.) En el segundo podrá incluir los imprevistos (siempre los hay).

> No hay que olvidar que la fatiga debida a la falta de tiempo es más intensa en las mujeres, pues desempeñan múltiples funciones (trabajo, familia, casa...).

EN POCAS PALABRAS

✳ Si tenemos la sensación de que el tiempo nos rebasa, estaremos más cansados.

✳ Aprenda a administrar su tiempo; haga una lista de las tareas cotidianas, reserve un tiempo para usted o para los imprevistos.

44

aprenda a decir "no"

Suele ocurrir que justo cuando necesita descansar, su familia o amigos solicitan su presencia y como usted no sabe decir que no ¡siempre acude al llamado! No se sorprenda entonces si se siente cansado.

El riesgo de dejar de ser amado

No. Algunas personas son incapaces de pronunciar este simple monosílabo, a tal grado que a veces ellas mismas se hacen la vida imposible. En su caso, decir sí a todo es una forma de prevenir el hecho de ya no ser amadas. Sin embargo, responder con una negativa a una petición no significa rechazar por completo a la persona. Por el contrario, equivale a reafirmar lo que uno es y a situarse

● ● ●   P A R A   S A B E R   M Á S

> Nuestra capacidad para decir no se forja desde nuestra primera infancia.

> Nuestro entorno afectivo, el comportamiento de nuestros padres y el hecho de que nos hayan educado autoritariamente, o bien nos hayan

frente al otro como un interlocutor en todo la extensión de la palabra. Decir "no" serenamente, cuando uno está convencido, es concederle importancia por adelantado a todos los "sí" que se pronunciarán después, ya que serán realmente sinceros.

Algunas maneras para aprender a decir "no"

• Tome conciencia de sus límites; todos los tenemos y es normal. Le será más fácil respetar los suyos una vez que los haya identificado claramente.
• Acepte el hecho de no poder agradar siempre a todos, lo contrario es una simple ilusión.
• Piense que al decir sí a todo, usted va más allá de lo que los demás le piden. Confíe en que ellos serán capaces de entender.
• Deje de pensar que usted es indispensable. En realidad nadie lo es.

dejado emitir nuestra opinión, nos permitirán, en mayor o menor medida, concedernos el permiso de expresar con toda claridad lo que pensamos, deseamos y sentimos.

EN POCAS PALABRAS

* Cuando uno cede a todos los caprichos de quienes le rodean, es normal sentirse cansado.

* Aprenda a decir "no". Esto dará más validez a todos los "sí" que pronunciará después.

* Deje de pensar que usted es indispensable.

45

**mírese
tal cual es**

Cada uno expresa su cansancio a su modo, según su entorno y su constitución. Ésta es la concepción de la medicina homeopática. Visite la galería de perfiles homeopáticos; al descubrir el suyo, sabrá cuál es el tratamiento que más le conviene.

¿Cómo vive su cansancio?

Samuel Hahnemann recurrió a su propia persona y a algunos conocidos suyos para probar los medicamentos de la época, esto con el fin de anotar sus efectos físicos y psicológicos. Así logró establecer una serie de perfiles, cada uno de los cuales correspondía a una sustancia. Por la ley de semejanza, el medicamento homeopático fabricado a partir de determinada sustancia, cura los efectos que ésta suele provocar en dosis normales.

● ● ● P A R A   S A B E R   M Á S

> Existen decenas de perfiles muy detallados que corresponden a medicamentos homeopáticos.

> Si usted se identifica con alguno de ellos, bastará tomar el remedio correspondiente para regularizar sus tendencias de comportamiento y fortalecer sus debilidades en el aspecto físico.

La manera como usted vive su cansancio es importante, ya que permitirá al homeópata descubrir informaciones que le ayudarán a saber a qué gran categoría de perfil pertenece.

¿Es usted del tipo oro, sal o calcáreo?

Los siguientes son algunos ejemplos:
• El sujeto *Aurum metallicum* (oro) manifiesta su fatiga a través de crisis de hipertensión y palpitaciones. Suele tener exceso de trabajo.
• El sujeto *Calcarea carbonica* (calcáreo) es frágil pese a su complexión fornida que hace pensar en una solidez que no posee.
• El sujeto *Lachesis mutus* (veneno de serpiente) se siente oprimido. No soporta sentirse apretado, en particular cuando está cansado. Alterna las fases de depresión y euforia.
• El sujeto *Natrum muriaticum* (sal de mar) es inquieto, nunca está seguro de sí mismo y es ansioso. Cualquier esfuerzo lo agota.

> Los médicos homeópatas se refieren a éste como un "tratamiento de fondo" que se sigue durante varios meses.

 EN POCAS PALABRAS

∗ Cada uno de nosotros se identifica a una de las grandes categorías de perfiles homeopáticos definidos por Hahnemann.

∗ Para cada uno de dichos perfiles hay un medicamento específico que podemos tomar como tratamiento de fondo.

Además del tratamiento de fondo, un médico homeópata le prescribirá uno (o varios) medicamentos enfocados a aliviar los síntomas. Le resultarán útiles en los momentos de crisis.

46

los gránulos son sus aliados

Las mujeres y sus reglas

Algunas mujeres se sienten particularmente cansadas durante los días previos a la menstruación. Por fortuna, existen medicamentos apropiados para este delicado periodo.

• Si sus ciclos son cortos y sus reglas abundantes tome *Trillium pendulum* 5 CH.

• Si el cansancio le provoca una sensación de pesadez en el bajo vientre, tome *Sepia* 9 CH.

• Si padece de bochornos y vértigos; tome *Ferrum metallicum* 7 CH.

● ● ● PARA SABER MÁS ─────

> Los niños y los adolescentes también pueden recurrir a los medicamentos homeopáticos. El hecho de ser joven no significa que no tengan derecho a experimentar una auténtica fatiga.

> Algunos niños pasan por verdaderos periodos de depresión.

> Respecto a los adolescentes, el modo de vida que llevan (falta de sueño, mala alimentación, etc.) los expone a sufrir de fatiga crónica.

• Si luce pálida y agotada, con sensación de zumbidos en los oídos. Tome *China rubra* 7 CH.

Todos estos medicamentos deben tomarse en dosis de 3 gránulos por la mañana y por la noche, en cuanto se presente la fatiga y hasta que finalice la regla.

Los hombres y su fatiga sexual

Suele ocurrir que los señores experimenten episodios de fatiga que repercuten en su desempeño sexual. Los gránulos también pueden ser de gran ayuda para ellos.

• Si se siente abatido, con frío, débil y falto de minerales y si es común que su deseo sexual presente altibajos, entonces tome *Silicea*.

• Si tiene una personalidad irritable, autoritaria, no precisamente sociable y esto no mejora nada su desempeño sexual ya de por sí disfuncional, tome *Lycopodium*.

• Si tiene dificultad para aceptar el paso de los años, le deprime la edad y esto acaba con su deseo, tome *Causticum*.

Estos medicamentos deben tomarse en forma progresiva, a razón de una dosis por semana; primero en 9 CH, luego en 12 CH y en 15 CH.

EN POCAS PALABRAS

* Algunos medicamentos homeopáticos pueden adaptarse para remediar síntomas precisos y situaciones de crisis.

* Están destinados tanto a las mujeres durante la regla como a los hombres que sufren deficiencia sexual.

considere la apnea del sueño

Las personas que roncan demasiado a menudo se despiertan cansadas por la mañana, con la impresión de haber dormido mal. Esto se debe a que presentan apneas del sueño, es decir, pausas respiratorias inconscientes que hay que diagnosticar rápidamente.

Sin respirar por 30 segundos: Las apneas del sueño son pausas respiratorias con una duración de más de 30 segundos que sufre la persona sin darse cuenta durante el sueño. Privada de oxígeno, su sangre se carga de gas carbónico, un poderoso agente responsable del insomnio. La persona se despierta y respira de nuevo, antes de volverse a dormir. Estas pausas pueden repetirse ¡hasta 30 veces por hora!, de ahí la intensa fatiga que se manifiesta desde el momento de despertar.

Tratamientos mecánicos: Este padecimiento afecta a cerca de 4% de la población. Se manifiesta mediante intensos ronquidos. No existe medicamento capaz de tratar estas alteraciones, únicamente tratamientos mecánicos (aparatos) cuya función consiste en reeducar la relajación muscular de la garganta y la faringe, a menudo causantes del problema.

● ● ● P A R A   S A B E R   M Á S

> Las apneas del sueño siempre van asociadas con ronquidos. Si usted vive con una persona que ronca mucho y está fatigada, pídale que acuda a consulta a una clínica del sueño. Allí pasará una noche durante la cual diagnosticarán si padece un problema de apnea.

E N   P O C A S   P A L A B R A S

* Las apneas del sueño son pausas respiratorias durante el sueño.

* Algunas personas se despiertan ¡hasta 30 veces por hora!

48 no duerma demasiado

Entre más duerme, ¿más cansado se siente? Quizá se deba a que padece de hipersomnia. Si tiene la impresión de vivir permanentemente con la mente confusa, es hora de ocuparse del problema.

Aletargamiento permanente: cuando estamos normalmente cansados, basta una buena noche de sueño para estar de nuevo en forma. Pero, ¿qué sucede cuando las horas de sueño se acumulan sin proporcionar el más mínimo reposo, al grado de que a veces tenemos la impresión de no poder salir de una especie de aletargamiento latente? Si éste es su caso, quizá padezca de hipersomnia.

¿La mosca o el hígado? Esta enfermedad puede tener diversas causas: el síndrome de Klein-Levin, la picadura de una mosca tsé-tsé durante un viaje o problemas hepáticos serios, etc. Incluso algunos padecimientos psiquiátricos. En cualquier caso, un exceso de sueño que dure ya varias semanas y que no aporte ningún reposo no debe tomarse a la ligera.

● ● ● PARA SABER MÁS

> En ocasiones, la hipersomnia se debe a un agotamiento intenso y prolongado. Este estado exige una verdadera atención médica y no puede tratarse con algunos productos tonificantes. Es preciso encontrar la causa de este cansancio y tratar de solucionar el problema desde su origen.

EN POCAS PALABRAS

* Un exceso de sueño no reparador tal vez sea síntoma de una verdadera enfermedad, la hipersomnia.

* Esta patología puede tener diversas causas, entre ellas un agotamiento intenso y prolongado.

49

aprenda a manejar su ira

Ya sea que tienda a estallar por el más mínimo detalle, o que sea incapaz de manifestar su ira, el resultado es el mismo: luego de una situación conflictiva se siente cansado, exhausto.
¡Es preciso que aprenda a manejar su ira!

Una emoción fundamental

Originada en una cierta irritación, llega a desembocar en odio; la ira suele ponernos en estados realmente desagradables, dejándonos tristes y cansados. La ira es una de las seis emociones fundamentales de los seres humanos y nos es indispensable para expresar nuestras contrariedades y heridas. Sin embargo, también tiene efectos destructivos

● ● ● PARA SABER MÁS ─────────

> Algunos trucos válidos para todos:
● exprese sus reproches a medida que van apareciendo sin dejar que se acumulen;
● si siente que la ira lo invade, respire tranquila y profundamente;

● exprese lo que siente en lugar de desahogarse lanzando reproches hirientes;
● no confunda "evitar la ira" con "ceder a la cobardía";

cuando hacemos lo que sea para reprimirla o bien cuando permitimos que explote sin control.

Cómo controlarla

• Si usted entra en la categoría de los introvertidos, tímidos y reservados, tiene que aprender a expresar lo que siente sin temor a la crítica. Si su ira es justificada, tiene usted el derecho de dejarla emerger tanto como cualquier otra persona.

• Si por el contrario, ante el más mínimo contratiempo siente que la emoción lo sumerge como una marejada, tendrá que aprender a poner una pantalla protectora entre lo que usted experimenta en el instante mismo y el momento en que tenga que expresarlo. Usted necesita ese tiempo para disminuir la presión y recobrar la lucidez.

• ni tampoco "expresar su ira" con "ceder a la vulgaridad".

 EN POCAS PALABRAS

* Ya sea que la reprimamos al extremo o que la dejemos estallar con gran fuerza, la ira nos deja agotados.

* Ante esto, sólo hay una solución: aprender a manejarla.

* Exprese sus reproches a medida que aparezcan y diga lo que siente.

Es cierto, un simple masaje no basta para hacer desaparecer una fatiga persistente. No obstante, existen técnicas, como la biokinergia, que añaden a la relajación una dimensión terapéutica.

50

póngase en manos de un masajista

Las articulaciones, los órganos y la energía

Michel Lidoreau, kinesiterapeuta francés, perfeccionó la llamada *biokinergia*. Se trata de masajes globales que trabajan a la vez en la estructura osteoarticular (articulaciones, tendones, ligamentos), los órganos, las fascias (tejidos conjuntivos que rodean los órganos) y además, un elemento proveniente de la medicina china, la circulación energética.

● ● ●   P A R A   S A B E R   M Á S

> La biokinergia abarca un campo terapéutico muy vasto, que va desde los desajustes hormonales hasta el asma o la sinusitis, pasando por la artritis, las tendinitis, los desórdenes ginecológicos o digestivos.

> Puede utilizarse incluso para tratar afecciones psicológicas ya que alivia la ansiedad, la angustia, la depresión, etc. No dispensa de los tratamientos habituales, pero los completa y suele mejorar su eficacia.

A lo largo de los meridianos se encuentran puntos que los acupunturistas estimulan por medio de agujas para reactivar la energía alterada. Michel Lidoreau descubrió que, en dichos puntos, a veces los tejidos estaban enrollados sobre sí mismos en un movimiento espiral. Estas espirales tiran de los tejidos vecinos, lo cual provoca diversos trastornos. Trabajando a la vez sobre las zonas bloqueadas aparentes (articulaciones, músculos, órganos) y sobre los puntos enrollados, el biokinergista pone de nuevo el sistema en marcha y previene las recaídas.

Eficacia en dos etapas

La biokinergia resulta muy eficaz para combatir la fatiga ya que actúa en varios niveles. En una primera etapa, como cualquier otro masaje, relaja las tensiones, reactiva la circulación sanguínea y linfática, desbloquea las articulaciones. En los días siguientes, las zonas bloqueadas recobran su vitalidad y el funcionamiento orgánico vuelve a ser armonioso; de ahí que su efecto sea perdurable. Por lo general, tres sesiones son suficientes para tratar un problema específico.

EN POCAS PALABRAS

* La biokinergia recubre un campo terapéutico muy vasto, que va desde los desajustes hormonales hasta el asma o la sinusitis, pasando por la artritis, las tendinitis, los desórdenes ginecológicos o digestivos…

* Puede utilizarse incluso para tratar afecciones psicológicos ya que alivia la ansiedad.

51
imite a la serpiente

Hay ejercicios que permiten a la vez relajar el cuerpo, apaciguar la mente y concentrar la energía vital dispersa como resultado de la fatiga, los mejores son las posturas del yoga; así que pruebe la postura de la serpiente.

Cuerpo y alma

Aislarse dentro de sí mismo, conectarse con una fuente de energía a la que nadie tenga acceso, retomar fuerzas, ¡vaya que parece un sueño! Pero usted puede hacer que se convierta en realidad si practica yoga. Esta disciplina milenaria, nacida en la antigua India hace ya más de veinte siglos, propone series de posturas que tonifican los músculos, mejoran el funcionamiento de las glándulas endocrinas y fortalecen la acción de los órganos vitales. Al mismo tiempo, la concentración y el trabajo con la respiración calman la tensión nerviosa. La práctica regular del yoga hace maravillas cuando se trata de combatir la fatiga.

Que la fuerza de la cobra esté con usted

La siguiente es una postura especialmente eficaz para devolver la vitalidad a los organismos más agotados.

① Recuéstese boca abajo, con las puntas de los pies extendidas, los brazos flexionados apoyados en el piso y las manos extendidas a la altura de los hombros.

② Inspire y levante la cabeza dejando las manos en el piso y los brazos ligeramente flexionados. Levante la barbilla, sin separar las caderas del piso. Respire profunda y tranquilamente y permanezca en esta posición unos diez segundos.

③ Baje de nuevo el torso hasta el piso y gire sus manos hacia el interior separando los codos.

④ Inspire y vuelva a levantar el torso, sin alzar los hombros. Levante la barbilla y despegue levemente las caderas del piso. Respire tranquilamente y permanezca en esta postura durante unos diez segundos y luego regrese a la posición inicial.

52 imagínese en buena forma

No hay nada como una buena sesión de sofrología para eliminar la fatiga y recobrar la energía. La práctica regular de esta disciplina hace maravillas cuando se desea reactivar los organismos desgastados y las mentes debilitadas.

A nivel físico y mental: la sofrología es una técnica que adopta elementos tanto de la hipnosis y la autohipnosis como del yoga y la meditación zen. Actúa a nivel psicológico, pues desvía la atención de los sentimientos negativos y los reemplaza con pensamientos más positivos.

De ahí que permita desbloquear las tensiones nerviosas, que son una fuente de fatiga, y devolver la vitalidad al organismo.

Entre el sueño y la vigilia: luego de una plática con el terapeuta, éste le pide que se recueste y la conduce a un estado de relajación profunda. Se trata del estado sofrónico, etapa intermedia entre el sueño y la vigilia. Después le pide que imagine una escena o que se represente imágenes mentalmente, en función de sus necesidades. Por último, la trae de nuevo al estado de vigilia y concluye la sesión con otra plática en la que usted evalúa lo que experimentó.

●●● P A R A   S A B E R   M Á S

> La sofrología no se practica únicamente con un terapeuta. El objetivo de esta técnica es que el paciente llegue a ser autónomo. Una vez que el trabajo propiamente terapéutico ha concluido, usted tiene entre sus manos una herramienta que podrá utilizar a su antojo.

EN POCAS PALABRAS

* La sofrología es un buen recurso contra la fatiga.

* Esta técnica alivia las tensiones nerviosas y reactiva el funcionamiento hormonal.

53 pruebe la leche de yegua

Las yeguas dan una leche muy nutritiva cuya composición es similar a la de la leche materna. Gracias a su considerable aporte nutritivo, protege del cansancio y ayuda a recuperarse luego de grandes esfuerzos o durante periodos de convalecencia.

Tolstoi y Gengis Khan: cuenta la historia que las hordas de Gengis Khan debían su fuerza al consumo regular de leche de yegua. De hecho, Tolstoi decía: "La leche de yegua regenera mi cuerpo y da alas a mi alma." Y es que esta leche es muy similar en su composición a la leche materna, salvo en un aspecto: es menos grasosa.

Ácidos grasos y minerales: la leche que sirve de alimento a los potrillos es muy rica en ácidos grasos no saturados (indispensables para la buena calidad de las membranas celulares); también contiene minerales en gran cantidad: magnesio, fósforo, potasio, así como vitamina C que aporta energía y todos los aminoácidos esenciales (para los músculos). Esto es más que suficiente para prevenir la fatiga general y acelerar la recuperación (exceso de trabajo, convalecencia).

● ● ● PARA SABER MÁS

Si no dispone de una yegua a su alcance, en las tiendas de productos naturistas encontrará la leche en forma de cápsulas. También puede recurrir, de manera regular, a una cura de 3 a 4 semanas (por ejemplo, una vez cada tres meses).

EN POCAS PALABRAS

* La leche de yegua es muy similar a la leche materna.

* Es muy rica en nutrientes.

* Es posible encontrar leche de yegua en cápsulas, y se utiliza para prevenir la fatiga o acelerar la recuperación.

54

fórjese una salud de hierro

A menudo las mujeres presentan carencias de hierro, sufren de anemia y esto ocasiona una fatiga persistente que se acentúa cada mes, con la llegada de la menstruación. La solución: consumir carnes rojas, col, cereales integrales y recurrir a los complementos alimenticios ricos en hierro.

Hemoglobina y mioglobina

El hierro es indispensable para que el organismo produzca la hemoglobina, el componente de los glóbulos rojos de la sangre que transporta el oxígeno hasta las células. Es también un componente esencial de la mioglobina, la cual almacena el oxígeno en las células musculares. De ahí que una carencia de hierro se manifieste con una disminución de hemoglobina y mioglobina; lo que ocasiona que el organismo esté mal oxigenado y, por lo tanto, se sienta cansado.

● ● ● PARA SABER MÁS ───────

> No tome hierro sin recomendación de un médico; si se absorbe en exceso, se almacena en el hígado y puede provocar daños muy serios (diabetes, cirrosis, taquicardia). Incluso existe una enfermedad, la hemocromatosis, que se caracteriza por un nivel muy elevado de hierro en la sangre.

> Para no correr riesgos, limítese a seguir los consejos del médico.

110

20% de las mujeres padecen anemia

Se estima que hay alrededor de 5 g de hierro en el organismo de una persona adulta. Para que esta cantidad permanezca estable, a los hombres les basta ingerir 10 mg de hierro al día, ampliamente provistos por la alimentación. Las mujeres, en cambio, requieren un aporte cotidiano dos veces mayor para compensar el sangrado mensual que acarrea pérdidas de hierro. Por eso palidecen, se sienten cansadas y son poco resistentes a las infecciones. A esto se le denomina anemia ferripriva, que afecta a cerca de 20 % de las mujeres en los países industrializados.

Ante una fatiga persistente acompañada de palidez e incluso vértigos, hay que pensar en una eventual deficiencia de hierro y realizar un análisis sanguíneo. Si el nivel de dicho mineral es muy bajo, el médico lo prescribirá, seguramente combinado con vitamina B9 que facilita la producción de glóbulos rojos.

 EN POCAS PALABRAS

> De todas maneras, lleve a su mesa alimentos ricos en hierro: perejil, cereales integrales, leguminosas, col, ostras, puerros (poros), espárragos y, desde luego, carnes rojas.

* A veces la fatiga puede ocasionarse por la carencia de hierro.

* 20% de las mujeres sufren de estas anemias ferriprivas.

* El médico puede prescribirle un complemento después de haber analizado el hierro en su sangre.

55

adquiera la fuerza de cuatro elefantes

En medicina china, suele atribuirse la fatiga a una deficiencia de la energía renal. En efecto, el riñón es el encargado de la regeneración permanente de la energía vital. De modo que si desea ayudarlo a desempeñar su tarea, imagine que se transforma en cuatro elefantes.

La energía del riñón

El *qi gong* propone una serie de ejercicios que permiten tonificar la energía del riñón cuando llega a fallar a consecuencia de algún acontecimiento en nuestras vidas. Un choque emocional intenso (luto, brusca separación) puede ser suficiente para provocar un bloqueo energético en el meridiano del riñón. El resultado es un profundo cansancio acompañado de una disminución de la libido y de un estado depresivo. Entre las posturas que suelen practicarse para fortalecer esta energía desfalleciente, describimos a continuación la de los "cuatro elefantes".

Los cuatro elefantes

• Póngase de pie con los pies juntos.

• Separe las puntas de los pies hacia afuera manteniendo los talones juntos. La posición de los pies debe semejar lo más posible una línea recta.

• Flexione ligeramente las rodillas al tiempo que las separa.

• Coloque los brazos delante de usted, en círculo, como si quisiera abrazar un árbol, sus manos a la altura del ombligo, con las muñecas relajadas.

• Imagine que tiene una esfera de energía en sus brazos y concéntrela en la región de sus riñones. Durea así dos o tres minutos, luego vuelva a su posición normal.

● ● ● PARA SABER MÁS

> Para estimular la energía del riñón, realice un masaje en el pabellón de la oreja insistiendo en el lóbulo ya que, según la medicina china, este órgano está vinculado con la energía del cerebro. La energía del riñón alcanza su máximo nivel todos los días entre las 17 y las 19 horas, de manera que habría que reactivarla durante este periodo para obtener los mejores resultados.

EN POCAS PALABRAS

* En medicina china, suele atribuirse la fatiga a una deficiencia de la energía del riñón.

* Para tonificar el meridiano del corazón, practique la postura de *qi gong* llamada los cuatro elefantes.

56

siga al águila con la vista

Otra postura del *qi gong* que revitaliza la energía del riñón es la llamada del águila, ya que mejora la circulación sanguínea y la respiración, tonifica los meridianos del riñón y de la vejiga así como otros meridianos más profundos. ¡Más que suficiente para lograr que la fatiga se esfume y reactivar su vitalidad!

Riñón, pulmón e intestino grueso

El *qi gong* toma naturalmente sus posturas del reino animal. La siguiente postura consiste en hacer como si apuntara, con un arco y una flecha, a un águila que vuela a lo lejos. Esta postura mejora todas las funciones vitales (circulación sanguínea, respiración, libido, tono muscular, inmunidad, etc.) ya que actúa en varios meridianos a la vez: los del riñón, pulmón e intestino grueso, pero también en el Daimai, un meridiano profundo.

El águila vuela en el cielo

• Póngase de pie, con los pies juntos.
• Separe un poco los pies (40 cm) y flexione ligeramente las rodillas adoptando la posición de un jinete sobre su caballo. Su espalda debe estar bien

erguida y las puntas de los pies apenas separadas.

• Inspire alzando los brazos cruzados delante de usted dejando sus muñecas relajadas. Deténgase cuando sus brazos estén a la altura del torso.

• Exhale extendiendo el brazo izquierdo como si sostuviera un arco, con el dedo índice extendido y los demás dedos doblados y sin apretar.

• Vuelva la vista hacia la izquierda para mirar su "blanco", un águila en el cielo.

• Flexione las rodillas y tense bien la cuerda del arco cerrando el puño y llevando el brazo derecho hacia atrás.

• Vuelva a la posición inicial y haga lo mismo ahora cambiando de lado.

● ● ● PARA SABER MÁS

> **Algunas plantas también reactivan la energía del riñón y alivian el cansancio. El ginseng, desde luego, pero también el milenrama, el hinojo, el clavo, la rubia y el pino. Tampoco olvide el aceite esencial de jengibre. La estación del riñón es el invierno, así que es mejor que durante este periodo fortalezca la energía de dicho órgano.**

EN POCAS PALABRAS

* Para estimular la energía del riñón, practique la postura que consiste en "apuntarle a un águila en el cielo".

* Es una postura dinámica, que puede realizar varias veces seguidas, alternando ambos lados.

57

no olvide la acupuntura

¿Se siente realmente agotado? Quizá necesite un tratamiento más "enérgico". Consulte a un acupunturista; él reactivará su energía vital bloqueada gracias a unas agujas finísimas pero ¡sumamente eficaces!

Reactivar o dispersar

La acupuntura es la rama de la medicina china más conocida en Occidente. Sin embargo, en Oriente es una técnica terapéutica a la que suele recurrirse cuando todo lo demás no ha dado resultado (la dietética, el *qi gong*, los masajes). Consiste en actuar directamente sobre unos puntos específicos situados a lo largo de los meridianos, con la finalidad de reactivar la energía faltante o de dispersar la excedente.

PARA SABER MÁS

> Para ayudar al acupunturista en su labor, procure consumir alimentos que estimulen la energía Jin. Se encuentran sobre todo en los granos ya que en ellos se concentra el principio de la vida.

> Así que durante el invierno puede comer cereales en abundancia, germinados o no, así como leguminosas (frijoles [porotos]), garbanzos, lentejas) y raíces (zanahorias, nabos).

Se insertan finas agujas metálicas (desechables, de uso único).

Algunos médicos recurren también a las llamadas *moxas*; esta técnica consiste en acercar al punto a tratar un bastoncillo de Artemisa con la punta incandescente, algo así como un puro. El calor tiene por efecto estimular la energía, "atraerla" ahí donde hace falta.

Una buena reserva de Jin

Los trastornos originados por el vacío de energía del riñón, al igual que la fatiga, pueden tratarse favorablemente mediante la acupuntura, pues en los riñones se haya almacenada la energía Jin, energía primordial que alimenta a todas las demás. Es la más importante, la más profunda y la más noble del cuerpo; la recibimos junto con la vida y con ella la transmitimos. También es la que rige la sexualidad, de ahí que no deba sorprendernos, según la perspectiva de la medicina china, que las fatigas intensas suelan manifestarse con una disminución de la libido y diversos desórdenes sexuales.

> El sabor que se asocia con la energía del riñón es salado. Si dicha energía llega a faltar, quizá se le antojen alimentos ricos en sal como embutidos, quesos, etc. Sólo tenga cuidado de no abusar ya que el exceso de sal propicia problemas cardiovasculares.

EN POCAS PALABRAS

* La acupuntura estimula la energía clavando agujas en puntos específicos.

* La técnica de las *moxas* consiste en calentar dichos puntos.

* Según la medicina china, la energía Jin, que alimenta a todas las demás, se concentra en los riñones.

58

beba extractos de yemas

En latín, *gemma* significa "brote". La yemoterapia es la rama de la fitoterapia que consiste en curar únicamente con extractos de yemas o brotes de vegetales para aprovechar la energía de la planta en pleno crecimiento.

Extractos embrionarios vegetales

Las yemas concentran toda la energía de la planta en pleno crecimiento. Son particularmente ricas en determinadas sustancias como las auxinas y las giberelinas, que son factores de crecimiento muy activos. Son auténticos extractos embrionarios vegetales. Mediante algunos estudios se pudo demostrar que el extracto de yemas de abedul estimula en las ratas la actividad del sistema reticuloendotelial, el

● ● ● PARA SABER MÁS

> En yemoterapia se utilizan macerados glicerinados que se fabrican a partir de las yemas vegetales. Se ponen a macerar yemas frescas, recién cortadas, en una mezcla de glicerina y alcohol.

> Luego de 3 semanas, se recoge el líquido, se filtra y se diluye a 1/10 (1 dosis por 9 dosis de excipiente). Al contrario de la homeopatía, que utiliza diluciones bastante superiores y diferentes según el efecto previsto, la yemoterapia sólo emplea la forma

cual forma una especie de barrera protectora contra las agresiones externas.

Las yemas contra la fatiga

Éstas son las yemas que se acostumbra prescribir en casos de fatiga:
• **la tila:** *Tilla tormentosa* actúa como tranquilizante. Relaja y calma, por lo que alivia los estados de tensión y fatiga nerviosas.
• **la grosella negra:** *Ribes nigrum* estimula la actividad de las glándulas suprarrenales, que suelen estar debilitadas en los periodos de intenso cansancio. Resulta especialmente eficaz en los casos de astenia sexual.
• **el romero:** *Rosmarinus officinalis* ejerce una acción protectora contra los radicales libres responsables del envejecimiento. Las dosis habituales son de 50 a 100 gotas al día repartidas en varias tomas con un poco de agua.

anteriormente mencionada.
> El producto se adquiere en forma de gotas en las farmacias especializadas en fitoterapia. Las yemas no deben mezclarse entre sí en un mismo producto para evitar cualquier riesgo de interacción.

59

disfrute del mar

¿Necesita vacaciones? Aproveche para regalarse una cura de talasoterapia. Además del descanso, podrá recargar su organismo con minerales marinos. Baños burbujeantes, duchas de chorro, mascarillas de barro, etc. Una prescripción que da placer.

Los beneficios del agua de mar

Bañarse en el mar es bueno. Regalarse una cura de talasoterapia es todavía mejor porque el agua de mar es una mina de elementos minerales; yodo, por supuesto, pero también calcio, potasio, cromo, boro, silicio, sodio, magnesio, cobre, manganeso, vanadio. Los tratamientos específicos desarrollados en los centros de talasoterapia tienen como objetivo hacer que usted aproveche al máximo esta extraordinaria riqueza.

● ● ● PARA SABER MÁS ─────

> Las curas de talasoterapia no están incluidas en los gastos médicos reembolsados por las aseguradoras y tampoco son objeto de una prescripción médica. Suelen ser más breves que las curas termales (una semana).

> Por lo general se organiza un programa temático: cura antiestrés, cura de sueño, cura antitabaco, etc. A menudo se incluye un régimen nutricional en el programa.

Durante los tratamientos, estos elementos pasan a través de la piel en forma de iones cargados eléctricamente. Dichas partículas viajan a través de los poros de la piel y los orificios pilosos y llegan a la sangre para luego nutrir el organismo.

Talasoterapia contra la fatiga

Además del agua de mar, la acción de la talasoterapia es posible gracias al sol, la brisa, las algas, el barro o fango, sin olvidar la relajación y el reposo. Una cura permite una auténtica reflexión personal, es por eso que todos los centros proponen técnicas alternativas, como shiatsu, sofrología, masajes. De esta manera, las personas cansadas, estresadas, tensas, aprovechan estas curas para familiarizarse con técnicas que normalmente no tienen tiempo de experimentar.

> De todas formas, los participantes reciben asistencia médica; es obligatorio ver al médico del centro tanto a la llegada como al final de la cura.

EN POCAS PALABRAS

* Una cura de talasoterapia recarga el organismo de minerales marinos y permite disfrutar de un momento para sí mismo.

* Todas las curas ejercen una acción contra la fatiga, aunque hay algunas que son más específicas (antiestrés, antitabaco).

60 saboree el placer de estar solo

Estar solo de vez en cuando, concederse un paréntesis, es un tratamiento contra la fatiga que resulta simple, poco oneroso y al alcance de todos. Siempre que uno sepa saborear el placer de encontrarse frente a sí mismo.

El derecho a estar solos y... ¡disfrutarlo!

Sin importar lo que hagamos para combatir nuestra fatiga y recobrar la energía, llega un momento en que es necesario encontrarnos frente a nosotros mismos. Estos paréntesis permiten asimilar lo que hemos vivido, lo que hemos hecho para acabar con el abatimiento. La condición es que sepamos concedernos realmente el derecho a estar solos y de disfrutarlo.

Una auténtica medida preventiva: es cierto, hay periodos en los que tenemos la impresión de que siempre hay algo urgente que hacer. Tomarse tiempo para uno equivale a robárselo a otros. Y, sin embargo corremos el riesgo de hacerles más falta a aquéllos que nos necesitan. Si nos "desmoronamos", no podremos hacer mucho por ellos; por eso, con fatiga, ocuparse de sí mismo es una ¡auténtica medida preventiva!

● ● ● PARA SABER MÁS

> Esto resulta muy difícil para las mujeres que desempeñan diversas funciones: madres por la mañana, profesionales durante el día, de nuevo madres al volver del trabajo y, por la noche, mujeres con su pareja. En particular necesitan tiempo para sí mismas y cualquier actividad que se los permita es bienvenida: una salida al cine, o un masaje hamman…

EN POCAS PALABRAS

* Tomarse tiempo para sí mismo es un excelente recurso contra la fatiga.

* Deje de sentirse culpable; estos paréntesis constituyen una auténtica medida preventiva.

testimonio

descubrí la medicina china ¡y me encanta!

"Estar cansada todo el tiempo a mi edad, es insoportable. Sin embargo, yo 'pesqué' esta fatiga al concluir el bachillerato, mientras preparaba el examen de ingreso a la Universidad. Trabajé como loca durante meses; comía mal, dormía poco, ya no veía a mis amigos. Estaba encerrada en una burbuja. Cuando terminé (y por fortuna con éxito), me sentí completamente exhausta, estaba como perdida. Ya no podía pensar, me aburría en cualquier parte, no tenía ganas de nada; hasta llegué a pensar que me estaba volviendo depresiva. Pero no había motivo alguno. Mi salvación fue un médico apasionado de la medicina china, que consulté para algunas sesiones de acupuntura. Siguiendo sus consejos, modifiqué mi manera de comer, tomé plantas, practiqué el *qi gong* y aprendí a darme masaje en determinados puntos. Me sorprendí mucho al comprobar que no había nada de exótico en todo eso; es otra manera de ver las cosas, eso es todo. Pero a mí me funciona muy bien. En todo caso, ya no estoy cansada. ¡Me siento en buena forma otra vez!"

guía de plantas medicinales

En esta tabla hemos incluido los nombres científicos de cada planta para que usted pueda conseguirlas en cualquier región de América Latina, independientemente de sus nombres comunes locales.

Nombre común	Nombre científico	Nombre común	Nombre científico
abedul o álamo blanco	*Betula alba, Populus alba*	lavanda	*Lavandula angustifolia*
acerola o cereza de las Antillas	*Malpighia glabra*	lentejas	*Lens sculenta*
ajedrea	*Satureja hortensis*	levadura	*Saccharomyces cerevisiae*
ajenjo	*Artemisia absinthium*	limón	*Citrus aurantium*
ajo	*Allium sativum*	lycopodium	*Lycopodium clavatum*
albahaca	*Ocimum bsailicum*	mandarina	*Citrus reticulata*
alcachofa	*Cynara scolymus*	menta o hierbabuena	*Mentha spicata, M. Piperita*
alfalfa	*Medicango sativa*	milenrama o plumajillo	*Achillea millefolium*
alforfón o trigo sarraceno	*Fagopyrum esculentum*	neroli	*Citrus aurantium var. Amara*
almendras	*Prunus amydalus*	nuez	*Junglans regia*
almendras dulces	*Prunus amydalus var. dulces*	nuez moscada	*Myristica fragans*
avellana	*Corylus avellana*	nux vomica	*Strychnos nux-vomica*
azafrán	*Crocus sativus*	oliban u olibano	*Boswellia thurifera, B. sacra*
baya del escaramujo	*Rosa canina*	pachuli	*Pogosternon cablin*
bergamota	*Citrus bergamia*	palo de rosa	*Aniba rosaeodora*
brócoli	*Brassica oleracea var. Itálica*	palma roja, aceite de	*Elaeis guineensis*
canela	*Cinamomum zeylanicum*	perejil	*Petroselinum crispum*
chamomilla	*Chamomilla recutita*	pimiento	*Capsicum annum*
cinorrodon o escaramujo	*Rosa canina*	pino	*Pinnus spp.*
clavo	*Eugenia caryophyllata*	rábano negro y	*Raphanus sativus*
col	*Brassica orleracea*	reina de los prados	*Spiraea ulmaria, Filipéndula ulmaria*
diente de león	*Taraxacum officinale*	roble (oak)	*Quercus robur*
eleuterococo	*Senticonus maxinov*	romero	*Rosmarinus officinalis*
espirulina	*Spirulina maxima y S. Platenses*	rosa	*Rosa spp.*
fresas	*Fragaria vesca*	rubia	*Rubia Tinctorum*
gelsemio	*Gelsemium sempervirens*	salvia	*Salvia officinalis*
genciana (*Gentian*)	*Gentianella amarella*	sándalo o santal	*Santalum album*
geranio	*Pelargonium graveolens*	sauce	*Salix alba var. vitellina*
ginseng	*Panax quinquefolius*	sauce blanco	*Salix alba*
girasol	*Helianthus annus*	siitake	*Lentinus edodes*
grosella	*Ribes spp.*	té	*Camellia sinensis o Thea sinensis*
grosellero negro o casis	*Ribes nigrum*	tila	*Tilia platyphyllos, Tilia mexicana*
helianteno o rock rose	*Heliantemum nummularium*	tomate o jitomate	*Lycopersicum sculentum*
hinojo	*Foeniculum vulgare*	tomillo	*Thymu vulgaris*
impaciencia (*impatiens*)	*Impatiens glanducifera*	toronja	*Citrus paradisi*
jazmín	*Jazminum officinale*	trigo	*Triticum aestivum*
jengibre	*Zingiber officinale*	uva	*Vitis vinifera*
jojoba	*Simmondsia chinensis*	verbena	*Verbena officinalis*
kava kava	*Piper methysticum*	ylang-ylang	*Calanga odorata*
kiwi	*Actinidia chinensis*		

índice alfabético

Marabout...

Adelgazar
60 consejos con respuestas adaptadas a sus necesidades

Dolores de cabeza
60 consejos con respuestas adaptadas a sus necesidades

Anti-alergias
60 consejos con respuestas adaptadas a sus necesidades

Anti-dolor
60 consejos con respuestas adaptadas a sus necesidades

Anti-edad
60 consejos con respuestas adaptadas a sus necesidades

Menopausia
60 consejos con respuestas adaptadas a sus necesidades

Piel bella
60 consejos con respuestas adaptadas a sus necesidades

Sexualidad
60 consejos con respuestas adaptadas a sus necesidades

Piel y sol
60 consejos con respuestas adaptadas a sus necesidades

es tu secreto

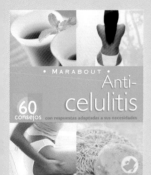

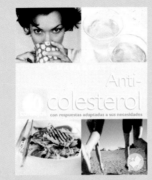

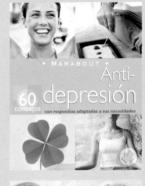

MARABOUT

créditos

Traducción y adaptación:
Ediciones Larousse con la colaboración del Instituto Francés de América Latina (IFAL) y de Hilda Becerril Castro.

Revisión técnica en plantas medicinales
Biólogos Miguel Ángel Gutiérrez Domínguez y Yolanda Betancourt Aguilar
Jardín Botánico Universitario de Plantas Medicinales de la Universidad Autónoma de Tlaxcala.

Créditos fotográficos
Fotografías de portada: sup. izq. Nasuko/Photonica; sup. der. A. Peisl/Zefa; inf. izq. P. Curto/Getty Images; inf. der. Neovision/Photonica; pp. 8-9: Gulliver/Zefa; pp. 10-11: Nasuko/Photonica; p. 13: D. Robb/Stone; p. 15: A. Tsunori/Option Photo; p. 17: JFB/Stone; p. 19: © Akiko Ida; p. 21: M. Montezin/Marie Claire; pp. 22-23: R. Knobloch/Zefa; pp. 24, 28, 73, 74: NeoVision/Photonica; p. 31: © Akiko Ida; p. 33: Emely/Zefa; p. 35: Emely/Zefa; p. 37: Auslöser/Zefa; p. 41: H. Winkler/Zefa; p. 42: R. Knobloch/Zefa; p. 45: Meeke/Zefa; pp. 48-49: A. Peisl/Zefa; p. 51: © Akiko Ida; p. 53: Emely/Zefa; p. 55: A. Peisl/Zefa; pp. 56-57: J. Lamb; p. 59: Emely/Zefa ; p. 60: Studio 21/Zefa; p. 63: D.R. Fontshop ; p. 65: A. Sneider/Zefa; p. 69: D.R. Fontshop; p. 71: Emely/Zefa; p. 81: H. Scheibe; p. 83: D.R. Fontshop; pp. 86-87: Cole/Zefa; p. 89: Emely/Zefa; p. 91: Emely/Zefa; p. 97: R. Daly/Stone; p. 99: C. Tiffany; p. 103: Marie-Claire; p. 105: Gulliver/Zefa; p. 111: M. Möllenberg/Zefa; p. 116: Neovision/Photonica; p. 119: Emely/Zefa; p. 121: A. Peisl/Zefa.

Ilustraciones: Marianne Maury Kaufmann para las páginas 78-79, 106-107, 112-115.

EDICIÓN ORIGINAL
Dirección de la colección: Marie Borrel
Responsables editoriales: Caroline Rolland y Delphine Kopff
Coordinación editorial: Marine Barbier
Dirección artística y realización: Guylaine Moi y G & C MOI
Iconografía: Alexandra Bentz y Guylaine Moi

VERSIÓN PARA AMÉRICA LATINA
Dirección editorial: Amalia Estrada
Editor responsable: Sara Giambruno
Cotejo: Karla Negrete Aranda
Asistencia editorial: Lourdes Corona
Coordinación de portadas: Mónica Godínez
Asistencia administrativa: Guadalupe Gil

©2002, Hachette Livre (Hachette Pratique)
Título original: *Pleine forme*
"D. R." © MMVI por E.L., S.A. de C.V.
Londres 247, México, 06600, D.F.
ISBN: 2-012-36626-0 (Hachette Livre)
ISBN: 970-22-1391-6 (E. L., S. A. de C.V.)

PRIMERA EDICIÓN

Si desea más información sobre plantas medicinales, puede acudir a:
Red Mexicana de Plantas Medicinales y Aromáticas S.C., Hierbas Orgánicas de México S.A.,
Herboristería Internacional La Naturaleza, Leonarda Gómez Blanco 59, Lote 6 manzana 2, Fracc. Villa Ribereña, Acxotla del Río Totolac, Tlaxcala. C.P. 90160
Tels. (241) 41 85 100, (246) 46 290 73, (222) 232 73 60
www.redmexicana.cjb.net
www.herbolariamexicana.org
Jardín Botánico Universitario de Plantas Medicinales
Secretaría de Investigación Científica, Universidad Autónoma de Tlaxcala, Av. Universidad No. 1, C.P. 90070 Tlaxcala, Tlaxcala
Tel. (246) 46 223 13 hierbas@prodigy.net.mx